白洲正子

美の種まく人

白洲正子　川瀬敏郎　ほか

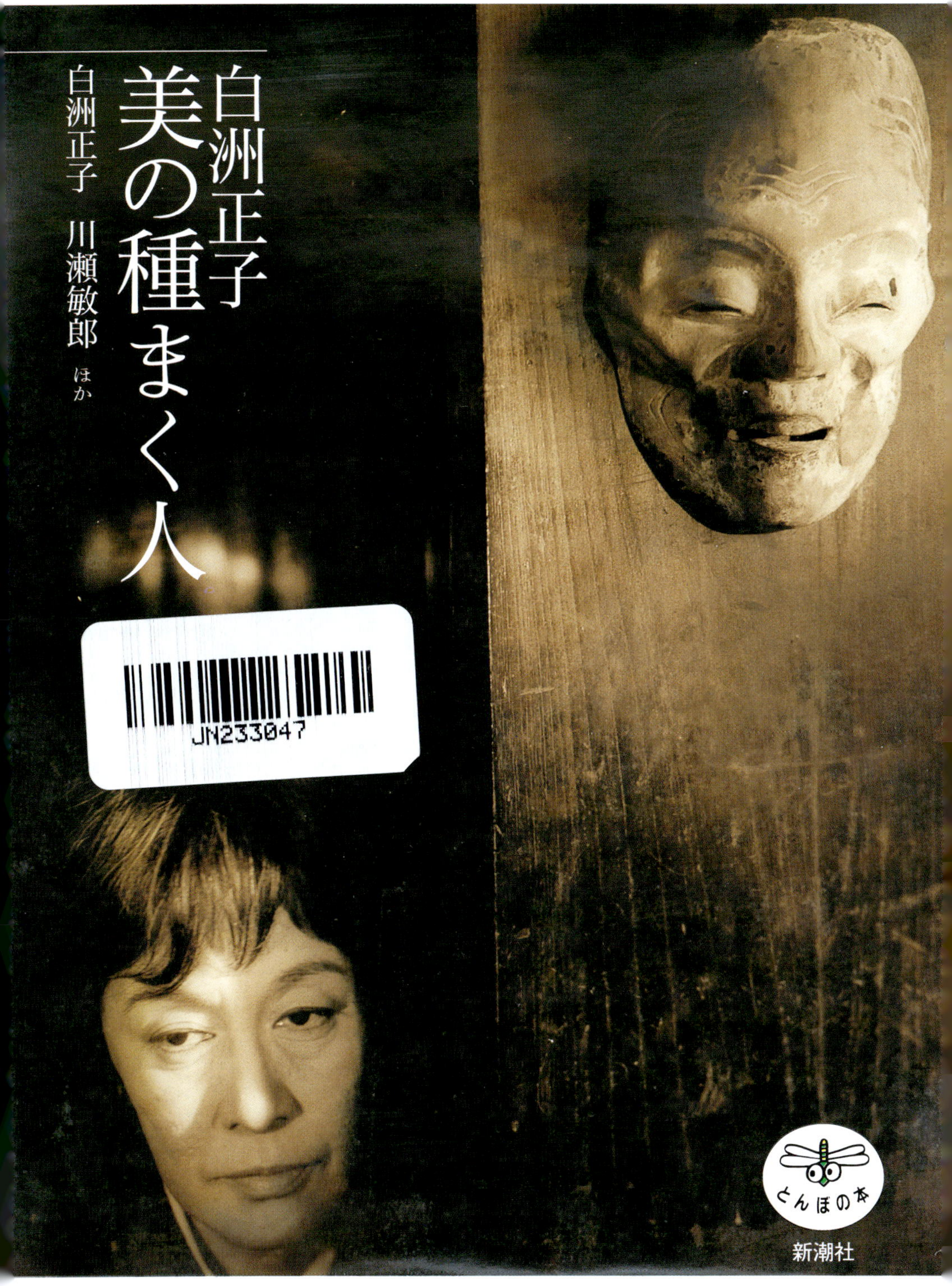

とんぼの本

新潮社

目次

第一部　美の種まく人

第一部 美の種まく人

撮影 野中昭夫

川瀬敏郎
師・白洲正子に〝胸を借りる〟

常滑の壺に美男かずら、椿
川瀬「ここまで紅葉する美男かずらはめったにありません」
白洲「上にのびている枝が大事なのね」
東京の郊外、鶴川にある白洲家の縁側で

李朝白磁壺に寒牡丹、寒菊

川瀬「寒牡丹には、平凡に生きてきた人が最後にぱっと花ひらいたような気迫を感じます」
白洲「そうね。この壺にはただきれいなものを入れてもつまらない。寒菊もちょっと野暮ったいからいいのよ」

平戸焼花入に雄山火口、山菊、
野ぶどう、あけび

白洲「この強い花入になにをいけてくださるのか
楽しみだった」
川瀬「すっと上につきぬける強靭な線は先生の
イメージなんです」

川瀬さんの花

白洲正子

（前略）

花をいけるとき、川瀬さんは少しもためらわない。すべて即興だから、おなじ花はふたつとありません。いけおわった花よりむしろいけていく途中に花がある。まさに〝一期一会〟です。

何年かたつと彼の名も知られてきて、花会にも大勢の客が集まるようになった。そんな会ではよく上半身裸になっていけていたから、いっそのこと背中に一本、竹の刺青でも入れたらウケるわよ、なんてからかったこともありました。

そのうち京都でも花を教えるようになると、あっちの御婦人方にもてちゃってたいへんだったみたい。もてはやされてなんとなく浮き足立っているように見えた。世間の評判はいいし、どんな花も自由にこなすことができる。じつはそういうときが危ないので、私は心配になって彼に手紙を書きました。

こまかいことは忘れたけど、「言葉はもうたくさん。花で見せてください。私に見せたい花があったら知らせてほしい。すぐどこにでもいくから」というようなことを書いた。先生ぶるつもりはまったくないのだけど、このままだとどこへ飛んでっちゃうかわからないと不安だったんです。

それからしばらく、彼からはなんの音沙汰もなかった。でも私は信じていました。彼はたんなるお花の先生で終る人ではないと思っていた。

五、六年たったころかしら、連絡があって、ひとりで来たいという。はじめ私は、自分ひとりだけで見るなんてわるいと思った。というのは彼の花会は一種のショーで、客がお金をはらう。それが彼の収入になるわけでしょう。だからそのときも十五人くらい集めて会費をとろうかと考えた。でも待てよ、と思いなおしました。川瀬さんがひとりで来るというなら、こちらも一対一で見るべきだと。

それで彼がひとりで花をいけているあいだ、私もひとりでずっと見ていた。そのときの花は余分なものがなにもなくて、じつにすっきりとした気持のいい花でした。ショーとしての裸ではなく、ほんとうに裸一貫になりましたというような花。やっぱり私の思ったとおりだって、その晩はとてもうれしかった。

花は教えられないと川瀬さんはいいます。自分で会得するよりしようがない。技術という点では花はそんなに複雑ではないから、たとえば流派のいけばななどは習えばできるでしょう。でも型をもたない〝なげいれ〟にはその人の生きかたがあらわれてしまう。小手先の技術ではごまかせない。

私は花を習ったことはありません。器が先生で、むこうから「こんなふうにいけたらどう?」と語りかけてくれる。素人と玄人のちがいはあるけど、それは川瀬さんもおなじで、今回わが家でいけてくれた花も、それぞれの器にみごとにあわせてくれました。最近のフラワーアレンジメントがつまらないのは、この〝器あっての花〟という姿勢を忘れているせいだろうと思います。

いまの川瀬さんはもう名人といっていいでしょう。プロ中のプロだから、技のかぎりをつくして〝自然〟をつくりあげる。それはさりげなく見えて、じつは人工の極致です。ほんとうにうまい。

でも私の楽しみは、川瀬さんが年をとって、おじいさんになったときの花。どうしたって年をとれば大きな花材も扱えなくなるし、気力だっておとろえる。あれほどの玄人がなんの技もつかえなくなって、もういっぺん素人の花をいけたら凄いと思う。お能だってそう。友枝喜久夫さんほどの名手が老いて盲目となり、手もふるえがちで舞う姿は凄いとしかいいようがなかった。だから私は、川瀬さんが七十くらいになっていける花がとっても見たいのだけど、そのときはもうこの世にいない。まあ楽しみのひとつくらい、こっちにおいていってもいいでしょう。

[談]

北大路魯山人作の行灯がある棚にはさまざまな種類の椿で散華を。

白洲「もう三十年もまえに買った天平の古材だけど、年がたつほど白くなるの」
川瀬「この板にみずみずしい花はあいません。〝冷え枯れる〟美というか、命の凝縮したような枯牡丹じゃないと」

天平古材に枯牡丹、枯蓮

天平の蓮弁に山芍薬、百合の実

川瀬「蓮弁の曲線がきいています」
白洲「このカーヴは天平ならでは。実のきつい赤と拮抗しているわね」

小代ぬか白釉角瓶に寒牡丹、柳

白洲「まあ、気持がいい。このちいさな口になにを入れたらいいの？と思ってました。柳の枝をすかして牡丹がみえて……。みごとです」

［上］庭の一隅にある夫・白洲次郎の〝おまいり墓〟に
椿を献花する
［右頁］庭でみつけた枯竹を器に、庭の野紺菊、
烏瓜などをいける

何につくともなき心かな
——西行の和歌を表具する

加藤静允

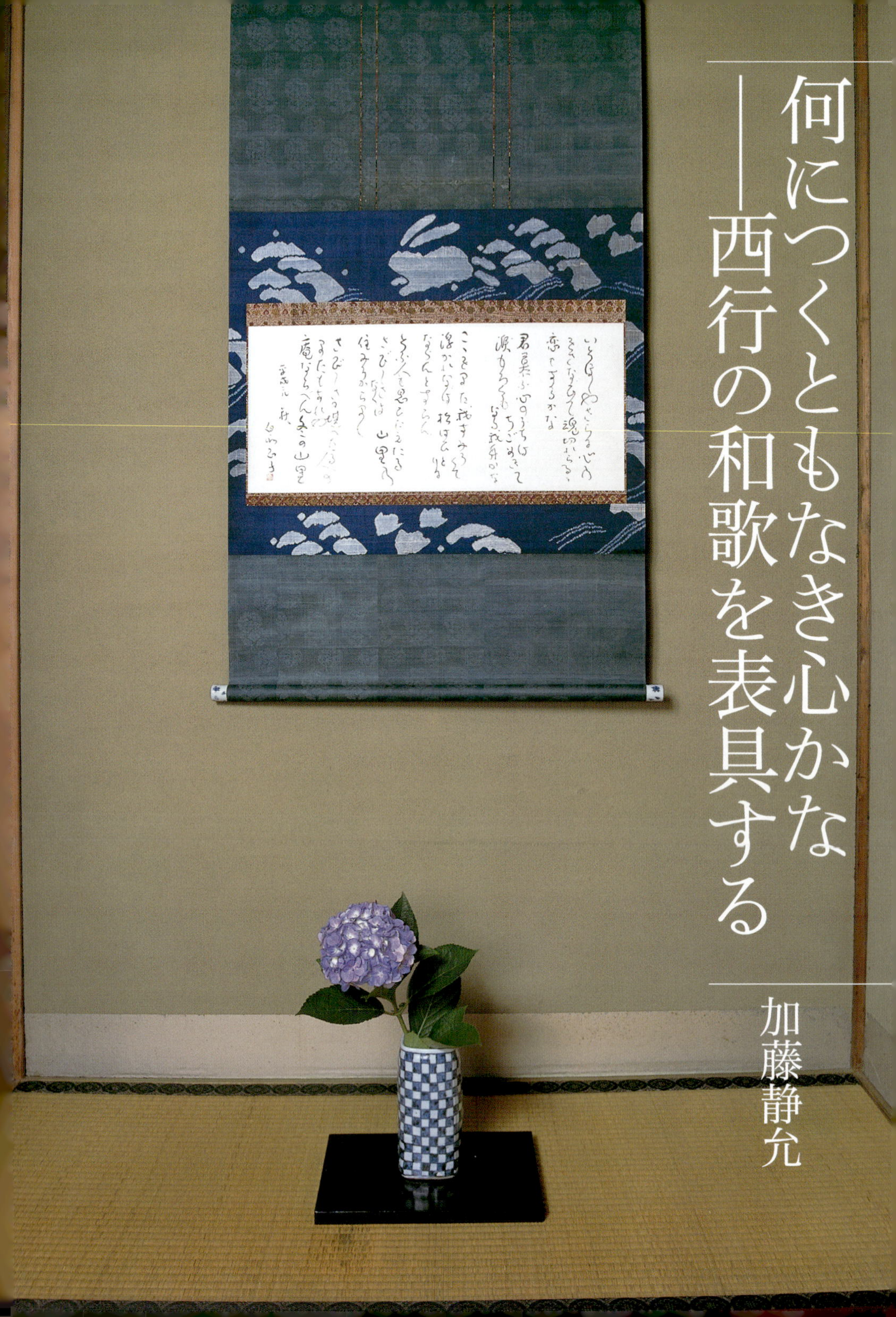

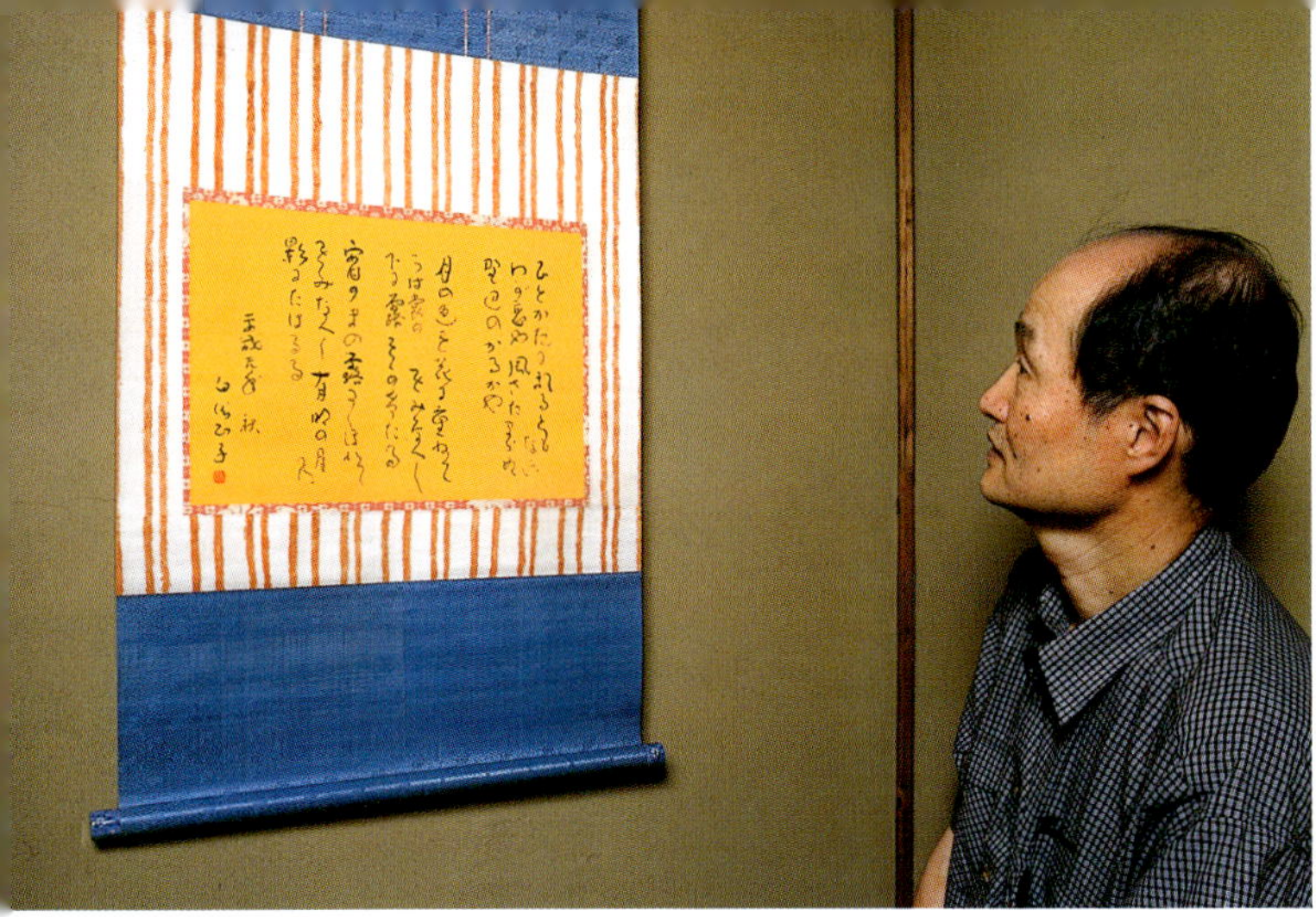

窯場を兼ねた書斎にて。加藤静允氏は小児科医が本業だが、陶芸や骨董にも長く真摯に打ち込んできた。加藤さんの著書『窯庭遊話』の序文で白洲さんは〈いま吹墨とか呉須の染付をやらせたら一番お上手ではないでしょうか〉と書いている。

まことにみごとに逝かれたこと、青柳恵介さんからの手紙で知ることができました。強く深い感動に襲われました。涙の湧く哀しみなど全く無くて、清々しい羨ましさというようなものを強く感じたのです。現在の我が国で少しものを知り、少しものを考える人々がひそかに望んでいることを、すんなりとやってみせられたというべきでしょうか。

勿論ご運の強さということもあるでしょう。しかし、その運を招き寄せ、しっかりと掴む努力を怠られなかったこともあったのでしょう。またそれをよく理解し力添えをなさった周りの方々あってこそ可能となったとも思えます。

最後の本となった『器つれづれ』が出版社から送られて来ました。七月中旬のことです。『器つれづれ』の美しい写真となつかしい文章を楽しんで行くうちに私の作った焼物がずい分たくさん載せられているのに驚きました。あの感性の高い方のご日常にこれだけ使っていただいていたのか、うれしいことやなあと、思ったときお亡くなりになってからはじめて目頭が熱くなったのを憶えています。

亡くなられたことを納得し、もうお会い出来ないと思うと淋しさがあり、お話し出来ないと思うと残念さはありましたが、哀しみはあまりなかったのです。日々お使いであった器を見せられたとき、生きていることの甘美さを強く感じ、楽しかった日の思い出が心に迫ってきたのでしょう。

この原稿を書くについて「芸術新潮」編集長の山川みどりさん（当時）から、白洲さんとの思い出を出来るだけ入れてほしいこと、そして白洲さんとご一緒の写真があれば貸してほしいとのお手紙を頂きました。思い出については、あれもこれもと書き出せばきりがありません。柳孝さんのご紹介で私の小さな汚い書斎兼窯場に遊びに来られるようになったのは、いつ頃だったのでしょうか。私が四十代前半くらいの頃のように思います。私は人見知りが強く、あまり儀礼的な対応は好きでありません。仕事場は私一人の楽

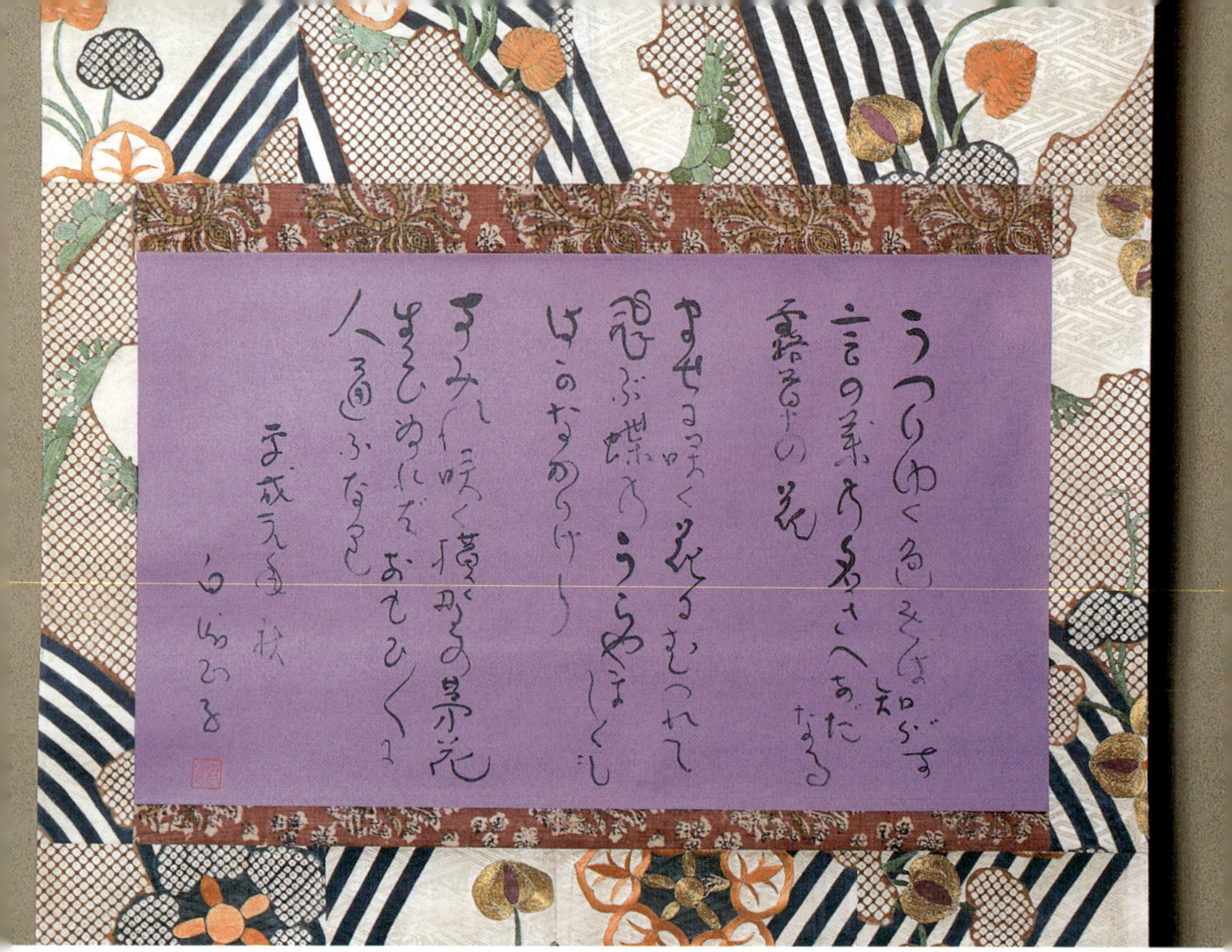

上

うつりゆく色をば知らず言の葉の名さへあだなる露草の花
ませ《(籬)》に咲く花にむつれ《(睦)》て飛ぶ蝶のうらやましくもはかなかりけり
すみれ咲く横野の茅花生ひぬればおもひ〳〵に人通ふなり

左頁

ひとかた《(一方)》に乱るともなきわが恋や風さだまらぬ野辺のかるかや
月の色を花に重ねてをみなへし《(女郎花)》うは裳の下に露をかけたる
宵のまの露にしほれてをみなへし《(女郎花)》有明の月の影にたはるる

白洲正子さんの「書」と加藤静允さんの「表具」のコラボレーション
［16頁］本紙の周囲を飛び回る兎や千鳥は、辻ヶ花ふうの桶絞り染め。
［上］本紙の鮮やかな紫色をどう抑えるか。一文字にインド更紗を用い中廻しは摺疋田に縫いのある古裂という、苦心の取り合わせ。
［左頁］一文字廻しと筋風帯は古澤万千子さんによるもの。

ひとかたをまれるゝもなに
わづ雨や風さえた玉をぬ
空色のかゆるかや
月の色を花了重ねて
うは裳の
下る露そのさきたる
宵のまの露うくほれて
そみたえく有明の月
影うたはるゝ

平成元年　秋
白治子

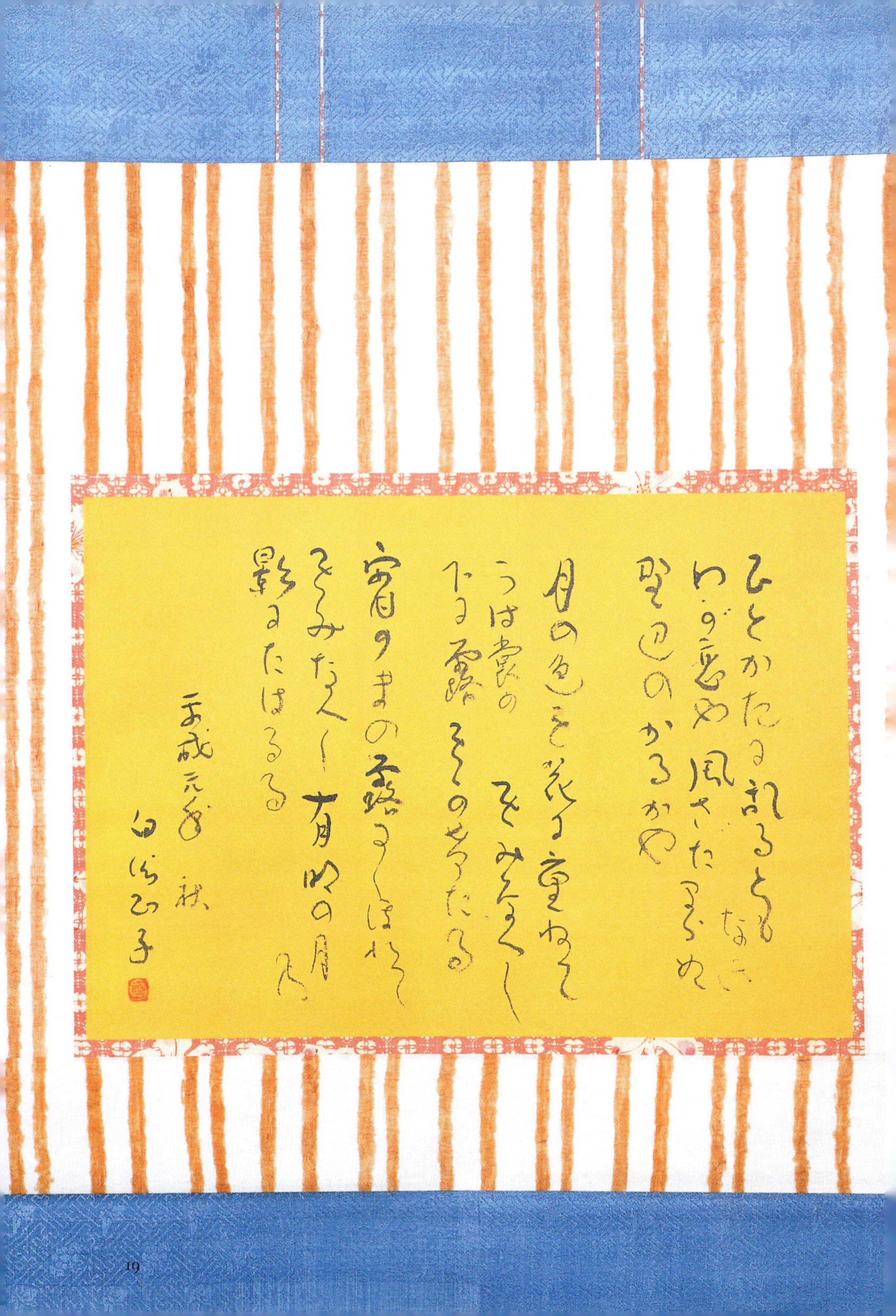

しい遊び場で、他人を入れることはめったにないのです。

　初めての対応がどうであったのか憶えていませんが、お互い楽しかったのでしょう。その後、京都へ来られると時々遊びに来られました。そう一度、午前の診察時間の終り頃だったでしょうか、旧大原街道に面した間口の狭い古い小児科医院の入口にひょっこり現われ、待合室をのぞき込んで、

「まあ、ここがご本業のお仕事場ね。あまり広くなくて、すっきりして、加藤さんらしくていいわよ」

　と申され、何か一、二の打ち合せをして、さっと出てゆかれたことがありました。

　アユに関しては私が昔のアユばかり褒めるので、平野屋へは一度もお誘いいただいたことはなかったのですが、すっぽんの大市へは何度かご招待を受けました。あまりお酒は飲めない私に対し、それなりのお心遣いをしてくださったのでしょう。焼物や美術や歴史の楽しい話は尽きることがありませんでした。

　ただ、話しが単なる知識だけのことになったり、他人の論評の受け売りになったりすると、

「あら、お勉強ね」

　といって、いたずらっぽい笑顔で半畳を入れられるのです。自分の中にしっかり取り込んだものを自分の言葉で話さないと面白くないと、つよく感じられたのでしょう。歴史的なことがらも、その場所に行き歩き廻り、じっと立ち止まり、朝に夕にくり返し訪ねて、自分の中に湧いてきたものを言葉にする、文章にするということを実践されたのでしょう。

　写真については手もとに一枚もありません。何かあるのかも知れませんが憶えがないのです。私が余り写真に撮られるのを好まないせいもあるのですが、今から思えば楽しい思い出の時の一枚くらいあればなあと残念に思います。写真で思いだしたのですが、私は井伏鱒二先生と釣り友達として四十余年のおつき合いをさせていただきました。その間に一緒に撮ってもらった、非常にいい写真がたった一枚だけあります。鱒二先生はお元気でにこやか、私は中堅医学研究者然としてうれしそうです。先生のお宅にいつも

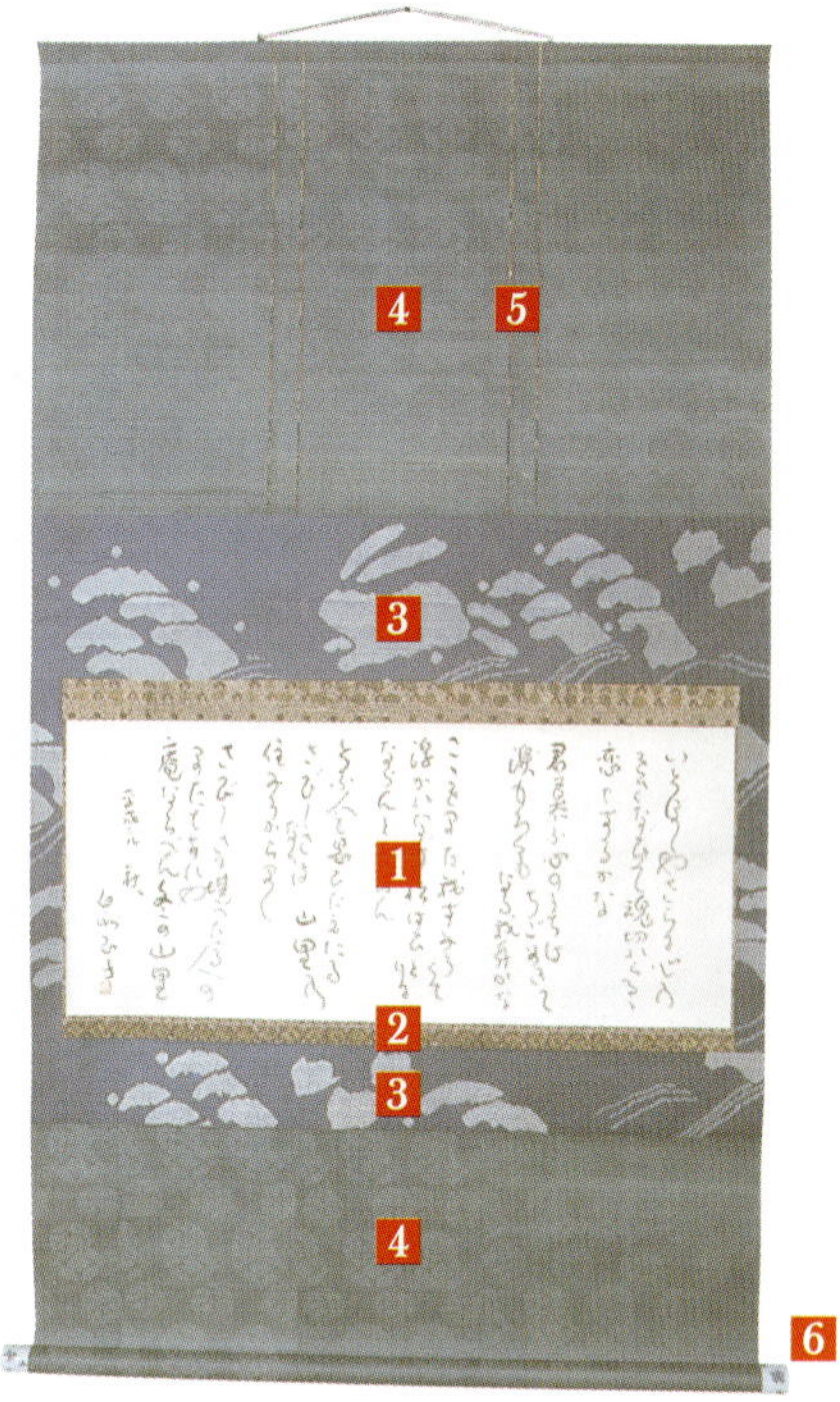

［表具の各部の名称］
1本紙　2一文字　3中廻し
4上下　5風帯　6軸先

加藤さん自作の軸先。釉裏紅（左端）や瑠璃釉（左から2番目）、白磁染付などで西行が愛した桜花の文様をほどこす。

のように伺って、夕方の帰る時間も忘れて話しに夢中になっていた時、偶々私の持っていたカメラで奥様が撮ってくださったものです。ああ、こんな良い日があったんだなあと見るたびに思います。

井伏先生のお宅でたまたま白洲さんの話しになったことがありました。その時、先生はほんとに羨ましそうな顔をして、

「ああゆう読みやすい文章が書ける人は羨ましいね。うん。ほんとに羨ましいや」

と長嘆息されたのが強い印象に残りました。また、井伏先生が白洲さんを知っておられ、その書かれたものを読んでおられることに驚き、うんさすがはプロや、趣味の釣りとはその厳しさや広さがちがうんやなと、妙に感心したのを憶えています。

平成八年の初夏の頃だったかと思うのですが、やっと出来上った表具五点を抱きかかえて能ケ谷のお屋敷へ伺ったことがありました。白洲正子筆・西行の和歌《うた》を私の好みで表具したものです。まあいやあねえ、恥しいわねえと仰しゃりながらも少しは気に入ったというお顔をしてくださればうれしいなあと思いつつたどり着きました。

昭和六十二、三年頃でしょうか、「芸術新潮」に「西行」を連載され、それが一冊の本になって出版された頃だったと思うのですが。お使いになってくださるのならばうれしいとさし上げた焼物のお返しに何かと言われて、私はお願いしたものです。西行さんの和歌を書いてくださいませんでしょうか、私の大好きな数首をお知らせし、あと白洲さんのお好きなのを入れてお願い致したくと。今、本紙をみると「平成元年秋」と書かれているのがあり、ああやはりあの頃となつかしく思い出します。

大きな筒に入れられた荷物が届けられ、喜んで開けてみると、ずい分たくさんの点数が入っています。ただその多くが黄や紫の染紙でありました。うーん、こらちょっと表具の裂取《きれど》りすんのむつかしなあと思いつつも逆に興趣をおこしたのも

（朝顔）
露もありつかへすゞも思ひ知りてひとりぞ見つるあさがほの花
（一方）
ひとかたに乱るともなきわが恋や風さだまらぬ野べの刈萱
雲雀たつ荒野に生ふる姫百合の何につくともなき心かな
うつりゆく色をば知らず言の葉の名さへあだなる露草の花

玉にぬく露はこぼれて武蔵野の草の葉むすぶ秋の初風
たぐひなき花の姿を女郎花池の鏡にうつしてぞ見る
けさ見れば露のすがるに折れ伏して起きもあがらぬ女郎花かな

［右頁］本紙を取り巻く桃色の一文字廻しは古澤万千子さんの染め。袱紗として贈られたものを表具に転用した。

［左頁］ペルシア風の派手な裂を使おうという魂胆だったが、けっきょく紙表具でうんと渋く仕上がった一本。

たしかです。たて長のものは無く横長のものが多く、ずい分長いものは巻子にするとして、掛物にできそうな五点を選びました。

　その後一年ほど機会を見てはいろいろと裂《きれ》を探したのですが、ぴったりと自分の好みに合うものがなかなか見つかりません。古くて洒落たものがあっても、余り汚れていては新しい本紙には合いません。とかくしている時に、偶々桶絞りの職人さんを知ることになったのです。そうや、辻ヶ花風の模様を自分で下書きして、それを染めてもろたらええんや。早速に仕事場に押しかけてたのみ込みました。絹地はインドの平糸織りのものや江戸期の古いものを持ち込み、露草の液で下絵を描いて、いろいろと無理な注文をつけて。うーんでけるかなあと言いつつ、まあ三つきか半年のうちにはということになりました。しかし、やっぱりめんどうな仕事、待って待って、足かけ三年目に出来上りました。

　軸先は白磁染付や釉裏紅《ゆうりこう》も入れてすべて自分で作りました。西行さんやからと歌の季節には関係なくすべて桜の文様にしたのです。一点二点と裂取りをし、寸法を決め、親しい表具師Nさんに相談しつつ足かけ二年がかりでやっと五点が仕上りました。白洲さんにお見せしたくて仕方ありません。ご本人も恥しいけれど見てみたいご様子。さればと日を決めて、そうやついでに箱書きしてもらお、ご迷惑かけたらいかんし、箱の裏にまか正と書いて印を押してもろたらうれしなあ、と荷は嵩張るけれど大風呂敷に五本、箱ともに包んで書画屋の番頭さんよろしく武蔵野南端の鶴川へと出掛けることになったのです。

　その日はお昼を用意しますとのお手紙いただき、そのつもりで参りました。多田富雄先生ご贔屓《ひいき》のイタリア料理のシェフが出張され、新しく出来てきた漆塗りの大机の上でおいしく楽しいお昼をいただきました。その折に見ていただいた順番で、私が話したであろうことを思い出しながらここにその五点を見ていただきましょうか。

その一　露もありつ　四首　寸法　本紙三一・七×四七・〇センチ　総巾丈一一一・一×五八・三センチ　［22頁］

　本紙に色がついているため表具の裂取りはまたなかなかに決め難いものがありました。本紙がよく汚れているもの、やけているものはそれに合せての裂取りを考えねばなりません。本紙が新しい作品で色がついていると、まわりもそれに負けないようにしなければなりません。あまり強すぎて本紙の雰囲気を圧しつぶすようでもいけません。

　まず中廻《ちゆうまわ》しは辻ヶ花風のものにしました。江戸中期の綸子に私が下絵を描き絞り染めにしてもらったものです。一文字《いちもんじ》は一文字廻しにして、風帯は筋風帯《すじふうたい》にしました。この桃色の花柄に少し抵抗を感じる方があるようですが、私が理由を話すとにこやかに納得してくださいます。そう白洲さんのお友達の古澤万千子さんの染めです。私は美しい袱紗として頂戴したのですが、お茶席で使うことも少なかろうと、ここに使わせてもらいました。筋風帯の桃色がよく効いていると自讃しているのですがいかがでしょう。上下はインドの薄絹をもって来ました。本紙との取り合いからすればもう少し茶色が薄い方がよかったのでしょうか。でも黄色の本紙を抑えるためにはこれくらいの濃さが必要のように感じたものですから。

　軸先は瑠璃釉染付桜花文で、前に申し上げたように私の窯で焼いたものです。

　この表具が出来て来たとき、思ったままを遠慮なく言ってくれそうな人達に見てもらったのですが「ウーン、ちょっとやりすぎやなあ……」そしてしばらくして「うん、ほんでも奇麗なもんやな」と言ってくれたものです。

その二　いとほしや　五首　寸法　本紙二七・四×六一・三センチ　総巾丈一二三・〇×六八・四センチ〔16頁〕

　これは本紙が白いのでだいぶ自由がききそうです。しかし、横巾広く、寸法取りに少し苦心し楽しむことになりました。中廻しは辻ヶ花風に桶絞り染め、千鳥や兎にあとで少し筆を入れようと考えていたのですが、もうこのままでとしてあります。一文字廻し、筋風帯はインド更紗。

　上下は江戸中期の白の紗綾を、染色家の吉岡幸雄さんに染めていただいたものです。古い布を染めるのはきっとやりにくいことが多いでしょうに、この時ずい分と種々な色に染めてくださいました。

　表具の裂取りを自分でするようになって解ったことですが、中廻しは思いの外あまり多くの裂を使わずにすみ、上下はずい分沢山の裂を必要とするということです。ヒトの目の鋭さは驚くべきもので、左右の上下一分の差を一瞬に感知します。しかし錯覚も甚だしいものがあり、マジッシャンはよくこれを利用します。表具をみて本紙の面積も含めた中廻しの四角い分の裂が要るように思うのですね。軸先は白磁染付桜花文。

　これは多くの人が「うん面白い、よく出来たね」と言ってくれるのですが、私としてはもう少しやり方があったようにも思うのです。一文字に模様の面白い竹屋町などもって来たらどうでしょう。また金更紗などは。

　白洲さんに西行の和歌を書いていただくお願いをするときに、私の好きな四、五首をお知らせしたと思うのですがその多くは恋の歌でありました。この軸のはじめの二首はそのお願いしたものなのです。

　いとほしやさらに心のをさなびて
　魂切れらるゝ恋もするかな

その三　うつりゆく　三首　寸法　本紙二九・二×四九・〇センチ　総巾丈一一七・〇×五九・六センチ〔18頁〕

　この紫色の本紙をみたときこれは表具はむりやなあ、額装なら出来るやろと思いました。とてもこれを抑えきる表具は思いつきませんでした。でもなんとか面白くとやってみたのがこれです。中廻しの裂は寛文とまでは上りませんが、摺疋《すりびっ》田《た》に縫いのあるしっかりした古裂です。

一文字・風帯はインド更紗。上下は江戸中期紗綾・染司よしおか製。軸先は釉裏紅染付桜花文。

書いていただいた箱書き、細めのおとなしい筆ゆきで「西行のうた」とあります。箱の蓋裏に、「題字白洲正子先生今年初夏の筆、やさしく枯れられたこと少しさみしく憶ゆ、昨年初夏表具みていただきたく持参して、おあずけしておきしもの、五月十一日に、書いたわよとお電話、本日荷安着、一九九七年夏五月十二日児科医　加藤静允識」とあります。

その四　ひとかたに　三首　寸法　本紙二八・八×四一・五センチ　総巾丈一一八・五×五五・三センチ［19頁］

黄色の染紙の本紙をこのように表具しました。

ひとかたに乱るともなきわが恋や
風さだまらぬ野辺のかるかや

これはぜひにとお願いした歌です。中廻しの縞はインドの平糸織りの絹地を絞りで染めてもらったもの。一文字廻しと筋風帯は古澤万千子さん、上下は江戸末期の綸子、染めも当時のもの、軸先は染付筆だみ桜花文。

その五　玉にぬく　三首　寸法　本紙二二・三×四六・一センチ　総巾丈一一九・〇×五六・三センチ［23頁］

黄土の染紙。はじめこの表具はペルシア風の赤と黒と金の裂を使って、誰れもがぎょっとするような表具にするつもりでした。それを持って友達の表具屋さんへ行ったところ、「なんぼなんでも、せんせこらやりすぎでっせ」と言われ、それならと百八十度転換してうんと渋く、泥刷りの紙表具にしたというわけです。中廻しはもみ紙の一種横すじに折りあげたものではいばら。これだけがまあ表具らしいねなどとは仰しゃらないでください。この箱書き「山家集よ里」は筆太のせいもあってかまだまだお元気と思わせるものがあります。

玉にぬく露はこぼれて武蔵野の
草の葉むすぶ秋の初風

ちえある友、ものくるる友として、うれしいおつきあいをしてくださいました。ずい分沢山のお手紙をいただきました。新しい本を出版されると早々に必ず献辞と署名を書いて送ってくださいました。ただ面白いことに最初からずっと私の名前を静充と書かれるのです。お礼状やこちらの本をお送りし、よく目を通してくださっていると思われるのにずっと充はつづいていました。あれだけものをよく見られる方なのに一度脳の中にインプットされると手が勝手に動くんやなあと興味深く思ったものです。

この四、五年は「手が痛くなって、手紙が書きづらくて、ごめんなさい」と夜分お電話をいただくことが多くなっていました。この箱書きが私には最後のお筆となったのです。

楽しくおつきあいくださった日々の情景を思い出し、温かいお心に感謝しつつこれを書きました。

（一九九九・九・朔日）

春夏秋冬　加藤静允

白洲正子

なんとなくこんな題を書いてしまった。

なぜだろう、と考えてみてすぐわかった。加藤先生はいつも心のこもった手紙を書いて下さるが、陶器ばかりでなく絵もお上手なので、手紙には必ず絵が入っている。それは季節の花であったり、木の実だったり、茸《きのこ》だったりして、眼をたのしませてくれるが、その合間に仕事場から見える比叡山の風景がまじっていたりする。

同じ山の形に、そこに生えている木も同じ姿で、春は嫩葉《わかば》、夏は緑蔭、秋は紅葉、冬は雪景色と、刻一刻に変わる景色を軽妙なタッチでとらえている。手紙の文とつかず離れず、時には重なり合いながら、微妙な調和を保って語りかけるのがまことにたのしく、美しい。

あの辺がきらら坂であろうか、修学院はどこだろう。回峰《かいほう》行者が御所を礼拝する「玉体杉」はあのあたりか、などと、昔歩いた道を辿ってみたりして、いつしか加藤先生と散歩しているような気分になる。

陶土を練ったり乾かしたりする暇に、先生はいつも比叡山を眺めるともなく眺めていられるのであろう。もう見なくてもよく知っているという工合に、長年の知己《ちき》の如く手の内に入っている。このような景色を四六時中眺めていれば、いい作品ができるのは当たり前のことで、先生の陶器の手本は古伊万里《こいまり》や古染付にあっても、その精神の風土は叡山の四季にあることを想ってみずにはいられない。

いつも変わらぬ穏やかな表情で、長身を少し持てあまし気味に、ズボンに下駄をつっかけて、お宅から工房への道のりを飄々と歩いて行かれる姿は、とてもお医者様のようには見えない。でもやっぱりお医者様なのである。

「子供の病気なんて、たいてい自分で治るんやで。お母さんが不安になるのは分からんでもないけど、不安がることは子供の病気にマイナスになっても、チョットもプラスにはならへん。じっと我慢しつつ、今せんならんことをして下さい」

という先生は、重病の子供が治って、母親がお礼においしいおこわを炊《た》いて持ってきたりすると、病気は自分で治るんやと思いつつも、小児科冥利につきるといわれる。私にもし小さな子供か孫がいたら、京都へ引っ越してでもこういう先生に診て頂きたいと思うが、残念なことに曾孫が生まれるまでにはまだ何年かかかりそうである。

先生は「かげん」（加減）というものを大切にされる。

「土の（かげん）、削りのかげん、釉《ゆう》のかげんとかなんとか、気持ちよく泥遊びをするにはこのかげんが大切である」と書いていられる。そういえば、身体のかげんもあるな、と私は思ったが、季節のかげんについてはこのようにいわれている。

「花が散って五月になれば、あのほのかに暖かい五月の宵。モーッとした空気、夜の若葉のにおい、地虫のジーッと鳴く宵になると、〈アッ、マダボクイキテルノヤナ〉と感じることがある。きっと魂の温度と外気の温度とが同じになるのやないかと思う」

そんな宵は昼間の疲れも忘れて、泥遊びに専念されると聞くが、本業の小児科医と、余技の焼きもの作りは、目には見えない五月の闇の中で微妙に結びついているようである。

私の友人の織物作家の田島隆夫さんは、この「かげん」のことを「頃合い」という。字引きで見ると、適当な程度とか、ちょうどいい機会などと書いてあるが、そんな簡単な言葉で説明できるものではない。やはり先生がいわれるように、周囲をとりまいている自然と、自分の魂が一致して、生きてるなあ、と感ずる時が「かげん」であり、「頃合い」と呼べるのであろう。

私がはじめて加藤先生の作品を見たのは、柳孝さんの店先であった。吹墨《ふきずみ》の鷺《さぎ》の絵皿に果物が盛って出て来た。これ、初期伊万里《いまり》じゃないの、素晴らしい！　そう思ってたずねると、柳さんは、してやったりとばかりに、これこれしかじかと先生のことを話して下さった。これこれしかじかについては、今までに度々書いているのではぶくが、私の見たところでは、こんなにしっかりした染付の陶器を作る人は、現代の専門家の中にはいないと思った。

柳さんにせびって、先生の工房を訪ねたのはそれから間《ま》もなくのことで、東向きの窓からは比叡山が手にとるように見えた。その後は時々お邪魔をするようになったが、私がいつも感心するのは、人生をたのしむことを実によく知っていられることだ。ひと口にたのしむといってもいろいろであるが、近頃はたのしむこともろくに知らない人種がいて、休日がふえる一方では、休日をもてあましている人たちも少なくないらしい。それに比べたら先生は身体がいくつあっても足りないほどあらゆるものをたのしむ。たのしむところからさまざまの思想や物が生まれて来る。中学生の頃は鮎釣りに熱中した。その時、釣りの師匠から、「鮎は売ったらあかん。釣りがきたのうなるさかいに」といわれ、鮎が陶器に変わっても、先生はその言葉を忠実に守っていられる。

ただし、最近は作品をほしがる人がふえたため、年に一度だけ入札を行なうことがあるが、先年、私が落とした時は、値段が高すぎるといって、半分に負けて下さった。その僅かな金も、窯代《かまだい》に消え

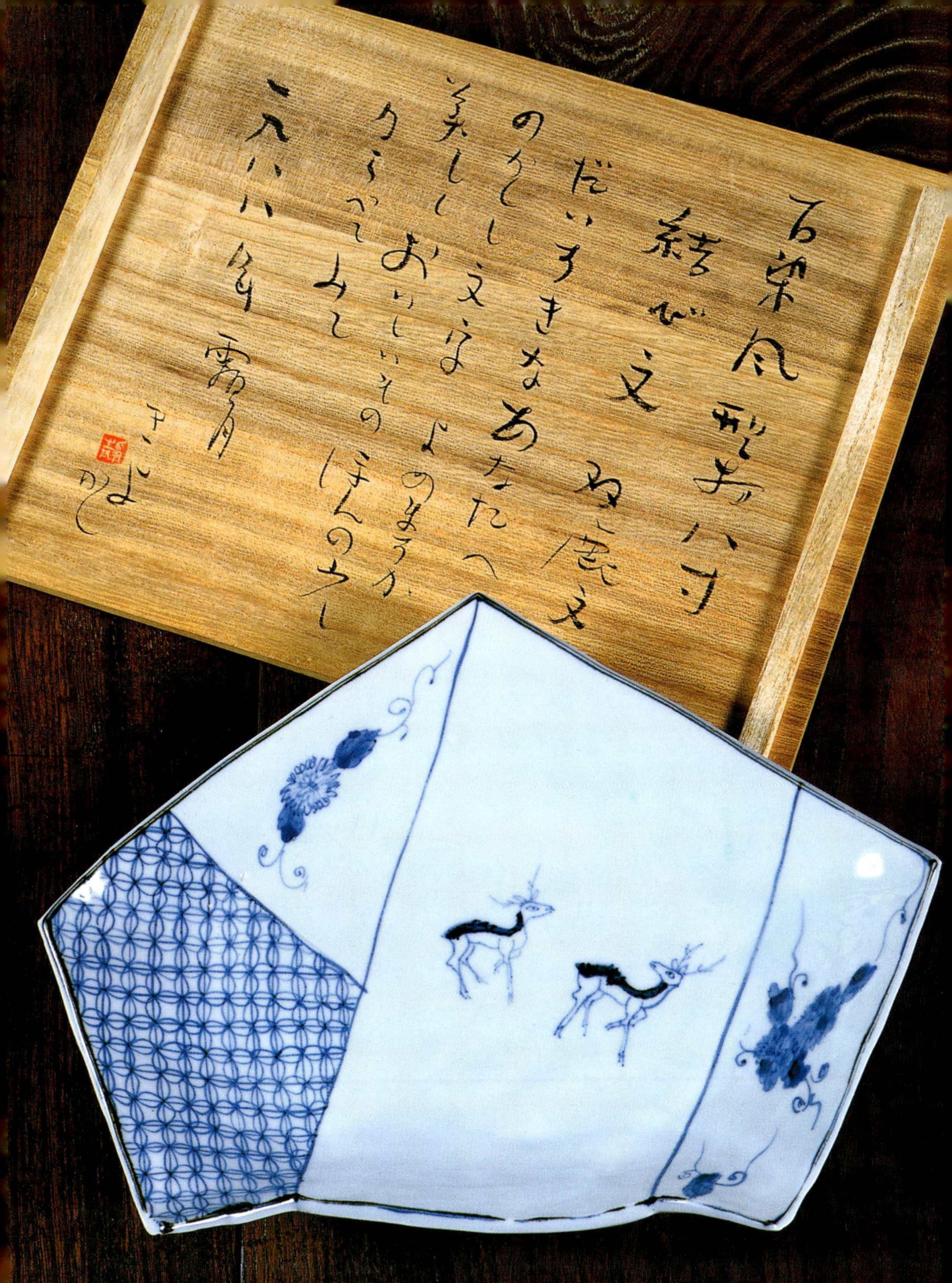

加藤さんが白洲さんに贈った自作の《古染風型物》　1988年
器には「だいすきなあなたへ」と隠し文字がほどこされ、蓋裏には「美しくおいしいもの
ほんの少しならべてみて」との献辞がある。なんとも素敵なプレゼントではありませんか。

てしまうというが、実際には入札によって損をすることの方が多いに違いない。

そんな風だから、先生の工房へ行っても作品は殆ど残っていない。できるはしから惜しげもなく人に与えてしまうからである。

「この出来たもんは僕の楽しんだカスでっせ。使うて楽しんでもらえたらそんなうれしいことはありません」

「大欲は無欲に似たり」とは正にこのことであろう。ものを作るたのしさ、人に分かち与えることの喜びにまさるものはないのである。だが、謙虚な先生はそんなことはいわれない。出来上がるまではたのしいが、出来上がったものはともすれば気恥ずかしいものなのだ、と。この気恥ずかしさがあるかぎり、人間は進歩する。先生の陶芸には前途洋々たるものがある、と私は思っている。

同じような意味で、先生の工房には完品は少ない。そのかわり、無数の古い陶片が宝物のように引き出しの中に保管されている。

「陶片の美しさはある意味で完器以上である。失われたものへの情感は完全なものではわからない」

という先生は、失われたものへの夢を自らの手によって創造する。本歌は、古伊万里その他にあるかも知れないが、それは単なる模倣ではなくて、現代の人間が、現代の技術を駆使して創った現代の陶器なのである。

今の陶工の多くには、そういう夢がない。或いは古いものへの愛着がないといえようか。だから外側ばかり作ろうとする。飾ろうとする。前衛作家でさえそうである。だが、加藤先生はちがう。

「徳利《とつくり》や壺なら中をできるだけ美しく、外なんか気にしない。中の状態が自然に外をきめるのである」

このことは我々人間にも共通する名言ではあるまいか。先生の著書には、そういう言葉が至るところにちりばめられている。先生の精神が、自然に外側に表れずにはいないからだろう。

最後にとっときの話をお聞かせしたい。

書くのを忘れていたが、先生は字もお上手なので、箱書が美しいだけでなく、箱裏に作った時の感想が記してあるのがこの上もなくたのしい。二、三年前に贈って下さった染付の皿にはこんなことが記してあった。

「型物　結び文《ぶみ》　平鉢　双鹿文」とある横に、「だいすきなあなたへのかくし文字、よめますか。美しくおいしいものほんの少しならべてみて」

とある。そのお皿を太陽にすかしてみると、白い素地の上に、辛うじて読める程度に、「だいすきなあなたへ」と彫ってあった。八十になる婆さんが、まさかこんな嬉しいものを頂けるとは思わなかった。いや、八十の婆さんだから、先生も作って下さったのに違いない。年をとるといろいろいいことがあるものだ。直ちに「美しくおいしいものをほんの少しならべて」先生に感謝しつつ、いっぱい呑んだことはいうまでもない。

（『遊泥漫録』一九九二年・加藤静允私家版）

一枝の花

古澤万千子

古澤万千子さんの「白い鳥のショール」1999年 絹麻 作者蔵 絞りで青地に白い鳥のかたちを染めぬき 墨描きに金泥でアクセントをつけた。撮影＝筒口直弘

十月の初旬、柿の葉が散り敷く能ケ谷(東京・町田市)のお宅へ久しぶりに伺って、白洲先生の御写真に御挨拶をして参りました。杜鵑草《ほととぎす》、水引、貴船菊、紫式部、白式部、藤袴が咲き乱れ、虫の声がしきりでした。夕顔棚に、まだ大きな蕾が残っていて、いつもの秋と変わらぬたたずまいの中で、改めて先生のお姿はもうどこにもないのだと痛感致しました。いつもどこかにいらして、仕事を見ていて下さるお方という視点でのみの、自分勝手に造りあげた先生の、いわば影を追っていたのだと気付かないわけにはゆきませんでした。

今頃になって初めて、文字通り〝危うきに遊ぶ〟達人の全容、先生の計り知れない御探究の姿、御慈愛の深さ、大きさが、ありありと見え始めて参りました。先生は生涯を懸けて、御自身の芯の自由を求め続けた稀有なお方であられたと思います。すでに先生の血肉となってしまっている「お能」を核にして、お花も、文章も、骨董も、まるであたりまえのように、先生御自身のお姿としてそこにあるのだと思います。

先生との出合は、昭和三十五年国画会展の会場でした。私の作品にお目が止まり、柳悦博氏を介してお目に掛ったのです。先生から銀座の「こうげい」に来てみませんかとおさそいがあり、当時最も感動してやまなかった本『お能の見かた』(昭和三十二年　東京創元社)の著者と、銀座の「こうげい」との結び付きに、びっくり致しました。

かねてより「こうげい」の存在は存じ上げていました。正面のウインドウの下段にいつも魯山人の俎板皿が飾られてあるのを何とはなしに眺めたこともありました。実際にお店にうかがうと、他の呉服店では見た事もない紅型《びんがた》や藍染の反物が陳列されてあり、お店全体が何となく密度の濃いたたずまいでした。青山二郎、魯山人、秦秀雄など、今では伝説中の人物にもなりかけている方々のお顔が、思えば時折お店に見えていたようでした。

年を経て、国展、伝統工芸展の作家、江戸小紋、東北の紅染、鳥取の絵絣など徐々にその作り手達が集まりました。皆自由な仕事ぶりでしたが、それぞれの参考になると先生が考えられた、沢山の珍らしい見本裂を各自が仕事場にまで持ち帰って、研究の材料にさせていただく事が出来ました。博物館や美術館のガラスの向う側に置かれてあったものではとうてい理解出来得なかった思い掛けない手ざわりの感触で、少しずつながら布地のありようを知る目を養わせていただきました。これは後になって、素材と云うものがどんなに大きな位置をしめるものかの、工芸の基本をはっきりと知らせていただいたことのひとつでした。そう云えば、静かに御熱心に素材の命を確かめるように、「こうげい」に通われた方の中に、お若い三宅一生さんのお姿も思い出されます。

繭を選び紡ぎ出された時から、糸にはその姿があり、白布地には白布地としての顔と、それぞれはっきりした格と云うものが形成されるのだと知りましたのも、ここのお仕事を通しての事でした。先生のお計いで、柳悦博氏の吉野格子織に、一面の梅の花を描かせていただきました時は、これを梅若の舞台で、とおっしゃられ「融《とおる》」を舞われました。先生のお舞台を拝見しながら、私には自分の描いた模様は何も見えず、ただ着物の命と云うものが確かにあるのだと云う事を感じるばかりでした。

いつでしたか、先生からのお手紙で「今ほんとは原稿が忙がしいのですが、ちょっと遊び度くなったので」とあり「同封の文章ちょっと面白かったので御覧に入れます、模様も雰囲気があっていいでしょう」と書かれてありました。同封して下さったのは、雑誌から切り取った一頁で、文章と長襦袢の写真が載っていました。それを今ちょっと探してみるのですが、大事にしまい込んで出てまいりません。うろ覚えなのですが、その長襦袢には、膝のあたりから下前にかけて、細やかな糸目のきつねの嫁入り図が描かれてありました。前身には鳥居があり、その内にいるきつねは皆尻尾があるのですが、一旦出るとすっかり晴れ姿の衣装にかくれ、と

白洲さんは古澤さんが手掛けた帯も数点、愛蔵していた。ともに紬地で、右は1964年、左は1961年の作。

りすました行列がそのままぐるっと後身をまわり粛々として進んで行きます。文章によると、どうやらこの友禅染、或る小さな骨董屋の奥に並べられてあり、そこの主人が云うには、「これは、うだつのあがらぬあっしにあいそづかしをしたいろが別れ際にくれたもの」であり、「鳥居をくぐればこんなことなんだからこれからも気をお付けよ」と云う事で、「大事に持っていたけれども、もう手ばなしてもよいと思った」ので店に並べて置いたのでした。おまけにこれは、以前可愛がっていただいたさるお方からこさえていただいたものだったと云うのです。おそらくこの「さるお方」が題を出し、注文と云うことでなお一層腕にみがきをかけた無名の職人さんがいたのでしょう。その筆先から生まれる濡々とした感覚まで伝わって来るようでした。「着物のひとりあるきですね」と後になって先生に申しあげると、「それがまた長襦袢と云うから面白いわね、こんなようなの作るっておもしろいでしょうね」とおっしゃられ、下着や羽織裏に贅を尽くした人々が昔は沢山いたお話をして下さいました。非常にものの見える注文主が出す難題を、一つ一つこなし腕をみがきながら静かにだまって市井に住んでいた職人さん達が大勢いたのだとあらためて思ったことでした。

　もうはや四十年近くも前になるでしょうか、「私は絵描きをやめて染物の職人に徹し度いのです」と先生に申しあげたことがあります。初めて能ケ谷のお宅におまねきいただきまして、古代ガラス勾玉や玉のせみなど、次々に手にとって見せていただきました後、先生の御質問にお答えしてでのことでした。すると「身を削ってでも自分を犠牲にしなければ人に感銘をあたえる事なんて絶対に出来ない。だから昔の芸人や職人の中には、はた目には犠牲者みたいなのいっぱいいるのよ」

［左頁］白洲さんのアイディアで生まれた着物《梅二月》　1965年
吉野格子織の生地は柳悦博作。薄茶色の布地に、古澤さんが花の輪郭を蘇芳で淡く染め、梅一輪ずつを墨と顔料で仕上げていった。できあがりを見た瞬間、白洲さんは「いただくわ」。長女・桂子さんの結婚式に金の帯をあわせて着用し梅若の舞台でもこれを着て舞ったというお気に入りのお召し。
［下］《梅二月》を着て竹林に立つ白洲さん。

生地は田島隆夫氏の織り。特別いい糸を使っていて、染めるのが惜しくなるほどの出来ばえだ。どう使おう？　悩んだすえ古澤さんに依頼して辻ヶ花ふうの胴服に仕上げてもらうことにした。白地と染文様が引き立てあう傑作は、かく生まれた、と白洲さんは嬉しそうに書いている。1986年作。

とおっしゃられ、「自分が楽しくないようなことを人にみせても楽しいわけはないでしょう、やはり自分も楽しまなければ」と付け加えられました。一見相反することに見えて、実は表裏一体のこの言葉は、海綿が水を吸うように身に沁みて忘れる事が出来ませんでした。

ずい分昔の事ですのに、「こうげい」にお出入りなさったお客様の、さりげなく見事なおしゃれぶりは、今でも彷彿と浮んで参ります。美容院や着付教室とは無縁の文化圏からすっと降り立つような装いを見せて下さいました。帯も組紐類も、当然の事ながら、知る程に、装束の歴史の深淵をのぞく思いでした。宮様始め時の大臣方、文士の奥様方、梨園・新劇の方、バーのマダム、京都の目利きさんなどお客層の幅が広く、広島からは海賊の元親分まで見えていました。着物選びにもそれぞれの個性を披瀝なさりながら、ゆっくり楽しんで帰られるのでした。お一人お一人にふさわしい対応をなさる先生でしたが、いつも秩父様(秩父宮妃)がお越しの折は、お互い本当にお合い出来た嬉しさをそのまま表わされ、どのお方に対するよりもお気を許した自然体の美しいお出合い風景をよく見せていただきました。先生が十代の頃からの御親友と伺っております。

この多様な対人風景は私達もの作りに向けられた時も同じでした。まだ若かった私に対しても亦、「絞り染の美しさの決め手は何でしょうか」、「やっぱり絞りの足(色の部分と白い部分との際)です」。「美しい絞りの足を作るのに手かげんする事は出来ますか」、「ほとんど手かげんは出来ません。浸透する水には何をもってしても手かげんは出来ません。染料を選び浸して、あとはおまかせするだけです」。「では、やきものの窯変と同じようなことでしょうか」、「ほんとうにそうかもしれません」。「そして、その白場と色の場は、シテとツレみたい、でしょう」と云った具合です。仕事の体験談には、いつも鋭

最新作の麻の着物《夜夢都是妄》を手にする筆者。作品名は良寛の詩によるもので「やむはすべてこれもうなり」と読む。古澤さんはもともと画家志望だったがあるとき忽然と自分が染めに向いていると悟り、転向したという。ご本人が着ているのは長年の友人・志村ふくみさんの作品。撮影＝筒口直弘

い御質問の矢を向けられ熱心にお聞き下さいました。折にふれ小袖や染裂を拝見する為、名古屋や京都までもお連れ下さいましたが、作り手であり専門であるはずの私がぼんやりと見過している箇所を先生が御質問なさってはっと気付き、自分は一体何を見ていたのかと恥かしく思った事もありました。

昭和四十五年に先生が「こうげい」をお引きになってからも、昭和五十六年までお店は往時のまま続きました。ここで育ち、人間国宝にまで技をみがいた方々や、孤高の世界にひとりユニークなお仕事を貫かれ二世に託して惜しくも去られた名人、また「こうげい」さんの仕事でなければ制作しなかった更紗染の名人、有名無名の作家さん職人さん達も皆、昭和時代と共に姿を消した「こうげい」の巧まずして先生が築かれたあの特別な世界を、もっとも懐かしいものの原点として、それぞれの中に持ち続けて居られるに違いないと、思ってみるのです。

天平の、と云えば、もう煙になってしまってもおかしくないほど古い時代の華籠を見せて下さったこともありました。持てば握りつぶしてしまいそうなその縁どりに錦の布が巻かれて、竹も錦もいぶし銀の様な色に一体化していました。縁の布地の中にキラリと光るのは、織り込んだ金色の糸なのでしょう。凛としてあえかなこの華籠の錦は、遠くイランからでも運ばれた裂でしょうか。その模様には、笛を吹く童子と、唐草の陰に何匹かの小動物も見えかくれしています。「どうぞ、それ解いて見てごらんなさいませ。それとも、もう見ちゃったの」、「はい見ちゃいました」。まさか、もちろん錦に手は触れませんでしたが、私が見たと申しあげる前に先生は、「見たのね」とおっしゃられるのです。

思えばお目もじの最初の折に、辻ヶ花のお話をなさり、程なく徳川美術館へお連れ下さったとき、研究室の明るい窓際で心ゆくまでルーペを使って辻ヶ花の裂地を見る機会をいただきました。そのとき、残欠でしかなかった裂が寄って一つの布になり小袖に変ってゆくような錯覚を持ちました。本当の意味での復元も、単なる実証の裏打ちのみではどうにもならぬ部分があり、結局は当時の職人の心になってみられるだけのイマジネーションが働かねばとうてい出来得るものではないのだと思った事でした。「とても単純なことなの、でもむずかしいのよね」とおっしゃる先生のお声が、私にはいつも聞こえます。

能ケ谷のお宅の暮なずむお庭に、夕顔のつぼみはまだ動く様子もなく先生のお好きだった花々の影だけがゆれているようでした。晩年の先生は、お歩きになりながらでも、一枝のお花を折ってさしあげると、それをずっとお持ちになっていらっしゃいました。「お似あいになります」と申しあげると、「こうするとバランスがいいのよ」と、思いがけないお答えが返って参りました。

先生は一枝のお花をお持ちになって、私共には、かい間見る事もかなわぬ高みに遊ばれておられるのでしょうか。

風の吹くままに
古澤万千子

白洲正子

古澤万千子さんの作品をはじめて見たのは、今から三十年近く前の国展であった。

その頃私は銀座で染織工芸の店をやっていて、新しい作家を探していた。商売はもちろんのこと、染織の面でも私はずぶの素人であったが、さいわい織物は柳悦博さんが手伝っていて下さったので、問題はなかった。困ったのは染めものの方で、昔からある伝統的な京都の友禅や江戸小紋などを扱っていた。それらは間違いのないものだったし、一方では、民芸系統の沖縄の紅型《びんがた》もはやっていたが、そういうものに私はあきあきしており、何かまったく別の新しいものを求めていた。

そんな時に、古澤さんは、忽然と現れたのである。私はうれしかった。40ページの写真がその作品で、手法は沖縄のおぼろ型によっている。やはり紅型の一種であるが、こまかい模様の上に、いくつも型を重ねて行くやり方で、下地の小紋の中に花模様がとけこんで見えるところからおぼろと名づけられたのであろう。

手法は沖縄の紅型でも、雰囲気はまるで違っていた。写真を見て下さればわかると思うが、それはきわめて個性的な染めもので、紅型を完全に自分のものにして自由に駆使している。このような作家なら、伝統的な友禅でも、辻ヶ花風の絞りでも、みな自分自身の染めものに変えてしまうことができるに違いない。私はそういう可能性を古澤さんの中に見た。それこそ正に私が――というより、日本の染色が望んでいたものであった。

直ちに店に来て頂いて会ってみると、そのお若いのにびっくりした。どこから見ても下町育ちの娘さんといった感じで、口数も多くはなく、せっかちな私がしきりにハッパをかけるのに、黙って一々うなずいていられる。私がその頃あこがれていたのは室町・桃山時代の「辻ヶ花」であった。辻ヶ花は、簡単にいうと、まだ友禅の糊が完成していなかった時代に、絞りで模様の輪郭を現し、あとで手描きをほどこしたものであるが、技術がむつかしいのと手間がかかるので、誰も試みようとはしない。古澤さんなら必ず私の夢を叶えて下さるに違いないと思った。

もちろん私が望んだのは辻ヶ花の復元ではなく、その気分を現代に生かすことであった。それには古い作品をよく見ることが大切だ。ちょうど方々で小袖の展覧会をしていたので、私はいっしょに行

［右頁］白洲さんがはじめて見た古澤万千子さんの作品（部分）。写真提供＝求龍堂（左頁も）
［左頁］心のこもった緻密な仕事「翔」（部分）。

ったり、個人の蒐集を参考のために見せて頂いたりした。きものばかりでなく、美術品の展覧会にはどこへでも行った。古澤さんは、白生地が染料を吸いこむように、驚くべき早さで次から次へ自分のものにした。はじめにも書いたように、私は染織については素人であったから、勝手なことをいっているだけで、何も教えることはできなかったが、あとからついて来る彼女の息づかいが聞えるようで、みかけによらずしっかりした性格の持主であることを知った。

彼女に訊くと、はじめは油絵を描くことが好きで、女学校を卒業した後、五年間も元芸大教授の久保守氏にデッサンを習っていたが、ある時うすい絵の具のおつゆで帯に絵を描いたのを見て、久保先生に褒められた。その時、自分は油絵より、染めものに向いていると悟り、とたんに転職したというのである。若いお嬢さんにこれは中々できにくいことで、それから後は国画会の森義利氏に染めものの技術を教わったが、あくまでもそれは「技術」だけのことで、自分のうちにかくれた才能を発見し、発展させたのは彼女自身である。

油絵に費やした五年間は無駄ではなかった。古澤さんの仕事が、ふつうの染めものとは違っていかにも重厚に見えるのは、油絵でいえばマチエールに重きがおかれているからで、一見淡彩のように見えても実に多くの色が使ってあり、その上に無数の花が肉筆で散らしてあったりする。これを全体として見る時、奥行きのあるヴォリュームを感じさせるので、次ページの「翔」にしても、はたしてこういうものが染めものと呼べるであろうか。少くともこれほど心のこもった緻密な仕事は、現代の染色作家には望めないと私は思っている。

◆

彼女の仕事ぶりは一風変っていて、下絵も描かず構想を練るでもなく、最初に白生地を広げると、何かやりたくなるまでそのままで待つ。時には何日も何ヶ月も待つことがあるのだろう。絞りにする

か、型染めにするか、もちろん文様も彩色も考えてみることはない。そのうち自然に手が動いて、手が何を造りたがっているか、彼女に教える。かりに言葉にすれば、そういった工合に進展するというわけで、いわば風の吹くままに任せているように見える。

そういう意味で、彼女の仕事はすべて即興と解していい。ここが間がぬけていると思えば、大きな蝶々の隣りに小さな鹿を飛ばしてみたり、つくしん坊の間に蟹を入れてみたりする。それで巧く調和して見えるのは、色と線の面白さにもよるが、理窟っぽいことを考えないからであろう。

だから古澤さんには二度と同じ作品は造れない。注文に応じて何枚でも同じものを造るのが玄人なら、古澤さんは素人である。素人・玄人の別にはピンからキリまであって、一概にはいえないが、もし完璧な技術をもって、隅から隅まで非の打ちどころのないものを染めるのを玄人と呼ぶならば、古澤さんは些細な部分にまったく興味を示さない。きれいに仕上げるとか、欠点のないものを造る気は毛頭なく、常に全体の構図とか色彩に眼が向けられている。部分を見るとかなり荒っぽいものでも、型がずれたり、染め残したところが白く空いていたりしても構わず自由に色ざしを行っている。そして、出来上ったきものはといえば、そんなことは気になるどころか、逆に生き生きした動きと厚味を与えていることに気がつくであろう。

ひるがえって部分の写真に眼を移して見る時、それは荒っぽいのではなく、また興味がないのでもなくて、わざと余裕を残していることが判るのであり、特に微妙に変化する色彩には、ルオーのタッチを想わせるものがある。今、私は玄人と素人の違いをいったが、染色の専門家と、古澤万千子さんは次元の異なる世界にいるのだから、はじめから比較することは無理なのだ。しいていうなら古澤さんの作品は彼女だけのもので、染めものの範疇に入れることさえ私はためらいを感じる。

この頃は使いやすい糊や化学染料がいくらでも手に入るが、独自なものを目ざしている彼女は、そういうものには目を向けない。糊も自分で作るし、型も自分で彫る。地染めは藍瓶につけるのが主になっているが、そのほかは植物染料か鉱物性の顔料に限っている。顔料で地染めをするのはさぞやりにくいと思うが、いずれもきれいに仕上がっているのをみると、彼女にとってきれいに仕上げることなど易しい技であるに違いない。

　時々は人の注文によって、桃山時代の「辻ヶ花」の復元をすることもあるが、その場合は、生地も昔のねりぬきという織物で、絞りをくくる針を探すのに苦労をしたと話された。だが、生地と針さえあればむしろたやすい仕事で、いつでも出来るということだった。その一事をもってしても、「辻ヶ花」の復元を目指してはいないことが判るが、彼女が望んでいるのは、使いにくい紬の荒っぽい味をどのようにして生かすか、そうすることによって、滑らかな絹よりはるかに豊かで、自由な表現が可能になるのではあるまいか。面白いことに、そのような作品が、辻ヶ花がはじめて生れた頃の初期のものに似ているのは興味深いことである。辻ヶ花だけではなく、たとえば織部のような陶器の感触も彼女のイメージの中にふくまれているのではないかと想像される。

◆

大方の染色作家は、それ程生地には心を遣わないものである。自分の技術をもってすれば、どんな生地にでも巧く染まるという自信を持っているからに違いない。古澤さんの場合はその逆で、先ず何よりも先に生地をえらぶ。いってみればそれは外側を飾るのと、内側から造って行くことの差違で、陶器でも土がよくなくては美しい器ができないのと一般である。

　そういうことも、実際に染めてみることの仕事の中から覚えて行った。したがって、染と織とは、彼女の中で一体と化している。自分のことを書いて恐縮だが、36ページの「胴服」は、戦国時代の武将が用いた羽織のような上着である。生地は織物作家の田島隆夫氏から私が頂いたもので、特別いい糸で織ったので、染めるのが惜しくなった、白生地のままで何かに使ってくれないか、ということだった。光沢といい、触感といい、申し分のないもので、このように心のこもった織物はおろそかには扱えぬ。長い間そのままにして眺めていたが、ある日、ふと、霊感がひらめいた。古澤さんに辻ヶ花風の胴服を造って頂ければ万事おさまる。生地も生かせるし、模様も映えるであろう。話は電話で二、三分のうちに済んでしまった。

　いつもは長くかかる古澤さんの仕事も、この時ばかりは驚くほど早く出来上った。写真には写っていないが、裏地に至るまで、萌黄色で桃山風の桐を絞って下さったのには恐れ入った。

「布がいいのでたのしくて、みるみるうちに出来てしまった。手が勝手に動いて何も考えるひまはありませんでした」

　人と物と時と、傑作はそういう瞬間におのずから生れるのであろう。古澤さんばかりでなく、皆さんが私の中にあるものを、勝手に発見して生かしていて下さるのはありがたい。人はぬすむことによってしか成長しないものである。私の中にどんなものが蓄積されているか、私自身は知らないのであるが、まだ少しでもぬすめるものがあるとすれば、こんな倖せなことはないと思っている。

サンローランと能装束

髙田倭男

もう随分と昔のことであるが、ある日、事務所に「こうげい」という名のお店から電話が掛かってきた。

電話の主はそのお店の支配人に当る人で、その人の弟さんと私の兄とは学校の同級生であるという。それはそれとして、実はこの店は白洲正子が経営していて、白洲が頼み度いことがあるので会い度いと申しているということであった。

その旨《むね》を父に伝えたところ、「白洲さんといえば、あの樺山様のお嬢さんかな、お前伺ってこい」といわれた。

大正から昭和時代初めにかけて、樺山（常子）夫人が髙田の家に幾度かいらっしゃり、時にはお嬢さんをお連れになって、家に伝えられたむかしの織物や組紐、あるいは、正倉院をはじめとする古代の染織品の復元を御覧になられた。樺山夫人は古典文学や美術に造詣深く、非常に高尚な趣味をお持ちで、私の父の研究にも御理解があり、いろいろ助言を与えて下さったりした。また二人の合作というか、着物のために、古典的な織物や組紐の復元によるさまざまな帯地や帯締め、袋物などを作り、実生活に応用する活動をはじめた。もっとも、髙田の家は、数百年続いて宮中の御装束を調進していて、いわゆる着物を扱うお店ではないが、一般のかたがたに日本の古典美を紹介し、啓蒙しようと行動したのである。そして時には、奈良や平安時代の服装美を再現すべく、復元した衣服を学者や画家に見せ、自分も楽しんでいたが、奈良時代の女子宮廷服の復元ができたところでお嬢さんに着せてみようということになった。ただし、白洲さんの少女時代のことである。この頃、私はまだ生れていず、このあたりの状況は父の話や、白洲さんの文章「二代の縁」——これは『かさね色目』（髙田装束研究所刊）の解説書の序文として私が白洲さんに書いて頂いたものであるが、その後、白洲さんの『遊鬼　わが師　わが友』（新潮社刊）に転載されてもいる——によって知った。

第二次大戦の勃発、戦争の悲劇と敗戦、戦後の混乱などによって、樺山家とのお附き合いはとだえていた。

そういういきさつや、かの有名な白洲次郎氏の夫人だということもあって、ドキドキしながらお訪ねしたのである。思えば、「もはや戦後ではない」といわれた昭和三十一年に白洲さんの「こうげい」が発足し、私が伺ったのはその翌年のことであったと思う。お店は私のところの事務所と近く、店内は明るく上品で、それは当然のことであったが、至極趣味の好い雰囲気に溢れ、紬や絣など魅力的な品々が並べられていた。奥から出てこられた女性は初対面であるにもかかわらず、一見して白洲さんと解る素敵な人であった。彼女は私に昔の高田へ行ったことがあること、母が作って貰ったような織物や組紐などをこの店に置きたい御希望を話された。なぜか若輩の私にやさしくお話し下さり、それをいいことにして当方は思ったままのことを、怖いもの知らずに喋ったように思う。私は子供の時、綴《つづり》方《かた》（作文のこと）はもっとも不得手であったが、図画の点数だけは良く、その後も美術や音楽鑑賞が好きで、白洲さんのお話はたいへん心を打つものがあった。

　それからというもの「こうげい」の仕事のほかに何かとお附き合いの機会も多くなり、古典染織や文様についての相談や質問を受けたりした。また嬉しかったのは、白洲さんのところに珍しい美術品が持ちこまれると私を呼んでそれを見せて下さることがしばしばあった。時には、そういう席に小林秀雄、青山二郎、秦秀雄といった骨董好きの錚々たる面々が座っていて、その人たちの話をも直《じか》に聞くことができた。

　たまには、白洲次郎氏が、ぶらっとこられて、御自身も古美術がお好きなくせに、「君たち骨董なんて何が面白いんだ」といって人々を軽く揶揄《やゆ》したりしていた。その肉声の魅力と炯々《けいけい》として知的な眼《まな》ざし、堂々とした風格、それでいて優しさを匂わすハンサムさ、この世の中にこんな男がいるのかとただ感心するばかりであった。そして日本人が戦に敗れて卑屈になっているさなか、敢然と占領軍総司令部に立向い、国のためにはっきりと物をいってくれた人として、成る程と思ったのである。そして白洲さん御夫妻の御一緒のところを目にすると、さりげなくもお互に睦じく尊敬し合っているようにみえ、好ましく思えた。

　イブ・サンローランが日本にくる。昭和五十年（一九七五）当時、ファッション・デザイン界の貴公子がやってくるということで世の注目の的となった。彼の歓迎委員会が設けられ、白洲正子さんがそ

［43頁／右頁］白洲さんが選りすぐった品物を並べた銀座の「こうげい」の店内で。写真提供＝講談社（2点とも）
［下］筆者と白洲さんとのツーショット。鶴川の白洲邸にて。机の上の重箱については105頁を参照。写真提供＝筆者

の委員長にさせられてしまい、歓迎パーティーに何を着て出ようかというのである。普通の着物もいいが、今回は、ちょっと趣向を凝らしたものにして、日本の古典を意識しながら現代に通用する着易さ、そういうものを一緒に考えて欲しいといわれた。

　小さい時からお能を習われた白洲さんであるから、ふと能好みのものが私の脳裡に浮んだ。すると先きに彼女の口から能装束風はどうかしらと言葉が出た。期せずして同じような事を考え、それを具体化するのも速く、基本の形は直ぐに決まった。ある日寸法や細部の点など相談し度いから、鶴川の方へ遊びかたがたきてくれという。

　着物姿の白洲次郎氏とお嬢さんの御家族ともどもの団欒のさ中に飛込む体《てい》で、私はおずおずとして畏っていたが、皆さん気さくに話しかけて下さり、冗談をいい合う調子になったりして、しだいに緊張の糸が緩み、和やかで楽しい時間が過ぎていった。その間、打合わせもできたので、たいへん充実した気持をもって帰途についた。

　さて、能装束風の着物は、室町将軍足利義満が紀州、熊野速玉大社に、女神の宝物として奉納した装束類の一つ、袿の表地の、萌葱《もえぎ》小葵地《こあおいじ》臥蝶《ふせちょう》の丸二陪《まるふたえ》織物《おりもの》を復元し、その裏地として紫色に染めた平絹を使って松襲ねという配色とし、能装束の唐織の形に仕立てた。その下に襲ねる着附《きつけ》には鎌倉時代の筋織物の復元を用いた。これは承久の変に際し、幕府方の追及を避けてしばらく栂尾《とがのお》の高山寺に留まっていた朝廷方の女房がそこを去る時、礼に置いていった袿を仕立て変え幡にしたものの裂からである。白洲さんはこの二つを襲ねて能風に着流しとし、出られたのである。

　能装束といえば、私の父から、しばしば和歌山県の丹生都比売《にうつひめ》神社に、たいへん趣深い延年の舞装束などがあると聞かされていた。思えば、このお社には、ほかに銀銅蛭巻《ひるまき》太刀などが剛健さと優雅さを兼ね具えた源平時代の名品として伝えられている。それで、かねがね白洲さんと、このお社のことを話題にしていた。そこへ彼女が『かくれ里』の取材で行くというのである。丁度その時分に、京都で用事ができたので、願ってもない機会と同行させて頂いた。

　ようやく辿り着いた山奥の天野というところは、その名の通り心なごむ、のど

1975年、サンローランの来日歓迎パーティーで白洲さんが着た"能装束風"の着物。代々、宮廷装束を手掛けてきた髙田家の二十四代目・倭男さんが制作を担当した。[右頁も]

かな里であった。例の装束は高野山の宝蔵に、太刀は東京国立博物館に保管されているということで拝見できなかったが、天野社ともいわれる社殿と辺りの光景を目にして、まことに幸せな気分にひたることができた。その日は、京都からの遠出にもかかわらず、彼女はなんらの疲れもみせず、一所懸命にお社の人に訊ねて、うなずいたり、感心したりしておられた。さすが教養ある人の質問は内容が違うものだと感嘆するばかりであった。

また、早朝の出発とて、弁当はにぎり飯のみであったが、お社の軒先でそれをほおばる彼女を編集部の人が見て、少し離れたところにいた私に〝えらいですねー〟と感慨深げに言った。私も同感で、〝そうですね〟と相鎚を打ったが、その日の彼女の洋服姿が、例によって日本人ばなれしたモダンさであったから、一寸その取り合わせが面白くもあり、ほほえましかった。

私とくだんの舞装束との後日談であるが、縁あって奈良の元興寺からの依頼により、その調査と報告が行われ、念願がかなえられたことは、神仏の御加護にあずかったゆえと思っている。

白洲さんの文章を読んでも、普段のお話を聞くにつけても、知識の豊富さに恐れ入るばかりであるが、彼女は決して物知り的ではなく、単なる知識の集積でもなく、物事の道理を考え、かつ情緒も解する教養人であった。

彼女の語彙の多さは流石であったが、あたかも優れた棋士が持ち駒を沢山持っていて、もっとも適切なところにビシッと指すように言葉を使うのであった。しかし決して驕り高ぶることはなく、奥床しいところがあって、それはまことに、お能で、演者が橋懸りから舞台に出て、そこで決めずにやや後にさがって常座の位置に立ち名乗を始める態度に通じるもののように思える。

このように鷹揚であるが、人を欺《あざむ》くような人や、気取る人、あるいはまがい物は嫌いであった。例えば民芸は大好きであったが、民芸を売りものにする作品には目もくれず、伝統によりかかろうとする人とは附き合いたがらなかった。私も、長い歴史をもつ家の出から、伝統について考えざるを得なかったが、中学生の時に読んだ、作文の学習参考書に見つけた言葉が忘れられないでいる。それは「伝統」という文題の頁に、著者の私見として〈何事によらず、其の発生当時の精神と其の表現をいふのである〉とあった。

「織物は語る」(『日本の工芸7　織』淡交新社刊)の中で、白洲さんが〈そこには、もしかすると、織物を神聖なわざとした古代人の心が、誰にも知らせず、こっそりと生きつづけているのかもしれない。そしてそういうものこそ、ほんとうの意味の「伝統」と呼べるのではないかと思う。伝統は、生かすものではなく、生きるものだからである〉と記していて、いたく感動した。それをもふまえて自分自身では、伝統は血の中にあるものを素直に表現するもの、無意識に表われるものと心に言い聞かせている。

二代の縁 高田倭男

白洲正子

私が子供の頃、高田倭男さんの家は麹町中六番町にあった。英国大使館の先を左へ入ったところで、お店と住居はいっしょにあったように記憶している。お店といっても、装束の類を扱っているのだから、お屋敷といった方が似つかわしく、どことなく荘重な空気がたちこめていた。庭の中には別に資料館が建っており、そこには復原された平安時代の調度の類、——たとえば蒔絵の硯箱とか螺鈿の卓《しょく》とかいったようなものが所せましと並んでいた。いずれも倭男さんの父上の義男氏が、技術が失われるのを恐れて、自からの指導のもとに造らせておいたものである。

その頃、私の実家は麹町平河町にあり、お互いに近いのでよく往き来をした。そうでなくても私の母は凝り性で、王朝の文化に熱中していたから、暇さえあれば高田家へ通った。半分は趣味、半分は勉強といった感じで、高田（義男）さんはうるさがりもせず親切に教えて下さった。そういう時はいつも私を連れて行き、いくらか教える気持もあったらしいが、母はけっして理想的な教育ママではなく、夢中になると、私がいることなど忘れてしまい、放ったらかしにされるのだった。が、美しいものが並んでいるので、何時間眺めていても飽きることはなかった。

たまたま天平時代の服装ができてきたりすると、私に着せておいて、高田さんの説明を聞きながらうれしそうに眺めていたが、そういう晴れがましいことが好きでなかった私には迷惑なことであった。高松塚が発掘される半世紀以上も前のことだから、細かいところは違っていたかも知れないが、大体のスタイルは同じもので、高田さんはそんなことまで実地に研究されていたのである。

母は若い時から佐佐木信綱先生の弟子で、竹柏会の同人であったから、彼女の王朝趣味は、和歌によって啓発されていたのだと思う。そのグループには有名な九条武子さん、もと椿山荘の持主であった藤田富子さん、柳原白蓮さんといったような錚々たる歌人がおり、みな高田装束店のファンで、装束の織物を帯にしたり、ハンドバッグに利用したりして楽しんでおられた。

今、帯止めや羽織の紐には、組紐を用いるのがふつうのことになっているが、昔は単純な丸絎《まるぐけ》（羽二重に綿を入れて丸く絎けたもの）が主で、刀の目貫や印籠の根付《ねつけ》などを利用することもあった。が、それでは面白くないということで、母は平安時代の組紐を髙田さんに註文して作っていただいた。経巻や絵巻物の平打ちの紐のほかに、冠や鎧、刀の下緒などである。ところが、締めてみるとまことに工合がいい。色調も帯に合って美しい。直ちに竹柏会のお友達にも勧め、皆さん気に入って、我も我もと組紐を使用されるようになった。ものがはやる時というのは恐ろしい勢で、またたくうちに一世を風靡し、現代に至っている。

　それは髙田さんと私の母との合作といえようが、二人のイキが合ったからそういうものができたので、たかが帯止めとはいえおろそかに思ってはならないのだ。後に池の端の道明でも制作するようになったが、何といっても組紐は髙田装束店をもって嚆矢とする。今でも頼めば作って下さるが、宮中の装束全般を手がけている髙田さんにとっては、ほんの余技的な作品にすぎないであろう。

　義男氏が当代一の有職故実の大家であることは、子供心にも明白であった。何といっても彼の強みは自分で工房を持ち、実際に復元してみることができたからで、その点が知識だけの学者とは違っていた。子供の記憶だから確かではないが、義男氏には何となく縁の下の力持ち的なところがあり、黙々と研究したものを惜しげもなく他人に分ち与えるような性格だったから、彼の周辺にはいつも若い研究家や芸術家が集っていた。前田青邨や安田靫彦の歴史画は、髙田さんの研究に負うところが大きいのであるが、中には木乃《ミィ》伊《ラ》とりが木乃伊になって、有職故実家に変じてしまった松岡映丘とか吉村忠夫のような日本画家もいた。有職故実の世界は、深く入れば入るほど面白くなるものに違いない。

　私の母は昭和四年に亡くなったが、髙田さんとの付合いはその後もつづいた。倭男さんはちょうどその頃生れたので、母を御存じなかったと思う。が、話には聞いていられたらしく、何かの機会に書いておくようにいわれたが、私は十四の時にアメリカへ留学したから、幼い時の断片的な思い出しか語れないのは残念である。断片的ではあるが、強い印象を与えられたことは事実で、後に私が日本の古美術に興味をもったのも、そして、その源泉が平安朝の文物にあることを知ったのも、ひとえに髙田義男さんのお蔭だと思っている。

　倭男さんには多くの兄弟がいられるが、実質的に父上の後を継いだのは彼で、現在は銀座で「髙田装束研究所」をいとなんでいる。それについては後に記すが、髙田家は倭男さんで二十四代目に当り、明治維新までは京都の蛤御門のあたりに住み、宮廷に直結した装束店であった。古くは御所の中の縫殿寮とか織部司に仕えた官人だったに相違ないが、朝廷が衰微した後は独立して、御所の近くに住んだのであろう。それは大体応仁の乱以後のことで、お菓子の虎屋やちまきの道喜と似たような運命を辿った。蛤御門の合戦があった後は上立売に居を移したが、東京へ遷都になると、明治天皇の行列に従って上京し、時の政府から宮城の近くの麴町に土地を頂いた。中六番町の邸はその時からのもので、皇室との関係は実に数百年に及ぶのである。

そういうことも私は最近になって知ったので、髙田さん父子はおくびにも出さなかった。あくまでも出入りの商人同様に振舞っていたが、王朝の文化に対する身の入れかたには並々ならぬものがあり、形や色に対する微妙な感覚が身についているのは、やはりそういう血筋によるのだと思う。

◆

私にとって思い出深い麴町の家も戦災で焼け、戦後の数年間は没交渉ですぎた。再び髙田家との付合いが復活するのは、私が銀座に「こうげい」という店をはじめてからである。まだ義男氏も健在で、銀座の店の近くに事務所があったので、よくお訪ねした。私の店は紬が主であったが、民芸だけに片よりたくはないので、紬以外の織物や組紐などではひと方ならぬおせわになった。

何しろ好きなことなので、店の商品を頼みに行っても話はいつしかそこから逸脱し、王朝の美について何時間も語ることがあった。今からもう三十数年前のことで、倭男さんも立派な後継者に育っており、教えられることは多かった。年は親子ほども違うが、私にとってはよき友であり、よき先生でもある。

いつの頃か彼も銀座に自分の「研究所」を持つようになり、頼み事があるとそこを私は訪ねるようになった。昔の麴町の家ほど完備しているとはいえないが、いつ行ってみても楽しそうに仕事をしており、目のさめるような装束の類を造っていた。それは時に何々の宮におさめる礼服であったり、博物館の依頼であったり、古代の調度品であったりした。

平安朝の「かさねの色目」について、出版を考えていると聞いたのはたしか十年ほど前のことだったが、それがどんなに大変な仕事であるかは今まで一つも集大成した本がないことでも私には想像がついた。いや、想像もつかなかったという方が正しいであろう。文献はあっても、実物は残っていないのだから、平安朝全体のヴィジョンをつかむことが先決で、復原ではなくて創作を意味する。そのためにはよほどの知識と、身についた教養と、それに何よりも愛情を必要とする。倭男さんは、それを自分の宿命と感じたに違いない。彼以外の誰にもなし得なかった仕事が、みごとに完成した今日、よけいな紹介や説明は不必要であるが、厖大な『かさね色目』の著書を前にして、それに費やされた先祖代々からの歳月と、情熱と、努力を、私は想ってみずにはいられないのである。

（後略）

最後まで、こわい方でした

川瀬敏郎

はじめて白洲先生とお会いしたのは23年前の夏でした。私がある会で花をいけたときに先生もいらしていて、当時、連載中だった「日本のたくみ」で私のことを書くからと、鶴川の家に招いてくださったのです。

　私もまだ30歳をすぎたばかり、先生のお宅にうかがった日はひどく緊張していました。庭の竹を切ってたてはなやなげいれをおみせしたのですが、「それ、どうなってるの」と矢継ぎばやに質問されたのをおぼえています。花どめの方法とか水揚げの仕方とか、具体的なことです。それからはお亡くなりになるまで、ときおり電話がかかってきては「こんな花をいけたいんだけど、どうしたらいい？」ときかれるようになりました。

［下］23年前、白洲さんは連載中の「日本のたくみ」で川瀬氏をとりあげ、その花を絶讃した。1979年7月20日、鶴川の白洲家附近にて。撮影＝松藤庄平
［左頁］1999年秋、没後はじめて鶴川を訪ねた川瀬氏による「献花」。花は枯蓮と檜、器はこみ藁。

［右／右頁］「自然に真っ黒になった竹の話をしたら、先生はとても見たがっていらした。今日は約束を果たすつもりで、この竹にお好きな寒牡丹をいれました」。1999年10月、白洲邸にて。
［下］18年前、白洲さんは川瀬氏に宛てて厳しい叱責の手紙を書いた。撮影＝筒口直弘

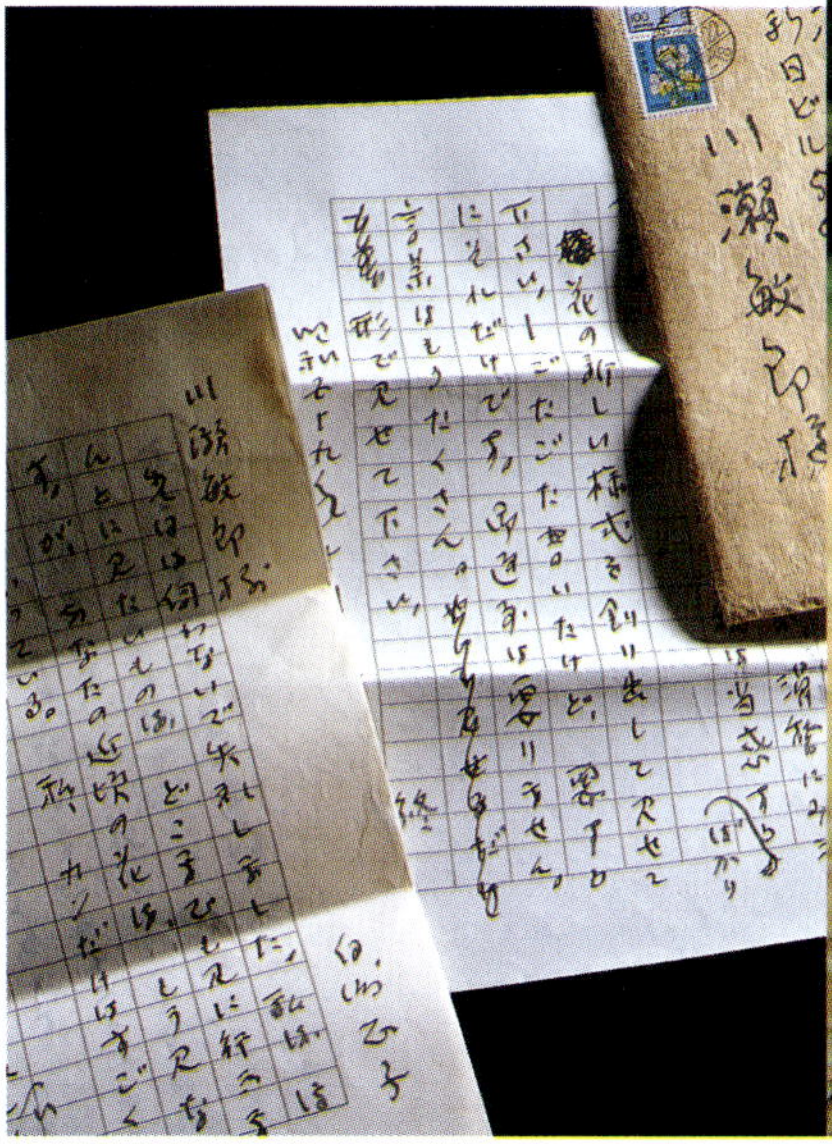

最初に会ったとき、先生にこういわれました。「あなた、京都だから信用するわ」。たしかに私は京都生れで、十代の終りまでどっぷりそのなかで育ちましたが、先生の言葉は、いけ花にかぎらず日本の芸事をはぐくんできた京都の歴史、風土を尊重するという意味だろうと思います。

　先生と私とは、あくまでも花をつうじてのおつきあいでした。ほかの方々のようにいっしょに御馳走を食べにいったり、旅行にでかけたことはないし、またそうしたいとも思いませんでした。先生とお会いするときは私の花をみていただくとき、そう考えていたので、いつも真剣勝負、くつろいだ記憶はありません。

　先生が私の花をみつづけてくださったように、私も先生の花をみつづけてきました。先生は御自分でいけた花の写真集を何冊かだしていますが、私が好きなのは『雪月花』（'91年）です。鶴川の庭に咲いた草花をじつにさりげなくいけている。花屋で買われたものではないから、けっして見栄えのする花ではありません。け

もみじあおい　器は伊万里そば猪口

川瀬氏が好きな白洲さんの花三種

［右頁］すすき　河原なでしこ　器は魯山人作灰釉壺
撮影＝飯島徹

鉄線　器は鉄製灯明台

れどそのやせた姿のなかに、ドキッとするような独特の線がある。おどろきました。なげいれに玄人も素人もない、花は技術ではない、と私が気づくことができたのは先生のおかげです。

ただ、最晩年にだされた『花日記』('98年)は、正直いってみるにしのびないものでした。花材など道具立はととのっているけれど、あのなかには先生らしい、スキッとした線がありません。私は先生の花と文章をかさねあわせてみてきましたから、これは先生の文章じゃない、そう感じてさびしい気がしました。そのころは体力もよわっていらして、執筆もままならず、花も思うようにはいけられなかったのかもしれません。本を批判するつもりはないのですが、先生の花はあんなもんじゃない、それだけはいっておきたいのです。

先日、先生から18年前にいただいた手紙をひさしぶりに、ほんとうにひさしぶりに読みかえしました。原稿用紙4枚にびっしり、厳しいお叱りの手紙です。ながいあいだ読みかえさずにいたのは、はじめに読んだときの辛さが忘れられず、もう一度読む気にはとてもなれなかったからです。

それは、私がある会でいけた花にたいする叱責でした。先生はその会にいらっしゃいませんでしたが、みた人からきかれたのでしょう。人をびっくりさせてはいけない、そんなものは花ではない、眼をさましなさい、といったことが、じつに厳しい調子でつづられています。

そのころの私は若さゆえの気負いや、いわゆる知識階級への反発もあって、「どうだ！　おそれいったか」という花を人にみせていました。まあ「遠山の金さん」みたいなものです。それは自分でも、あまり後味のいいことではありませんでしたが。

そこに先生からの手紙です。打ちのめされました。このあいだ読みかえしたときも、当時の、スーッと全身から血の気がひいてゆく感覚を思いだして、しばらく茫然としてしまったほどです。

何年ものあいだ、この手紙のことが頭からはなれませんでした。たとえば夜中にふっと眼がさめたときなど、手紙の文面がありありと浮んで朝まで眠れない、そんなことはしょっちゅうでした。

手紙の最後に「言葉はもうたくさん。形で見せて下さい」とあります。でも、どうしたら「形」になるのか、私にはわかりませんでした。それで、ひたすら歩いたのです。熊野古道、吉野、伊勢……。日本の各地を、暁闇から日暮まで、ときには夜通し歩きつづけました。くたくたになるまで歩くことで、自分が幼いころから習いおぼえた花の知識や技術、つまり「言葉」を、いっぺんきれいに洗い流したかったのです。

数年間、そんな旅をつづけました。花もかわったと思います。プロならとうぜん身につけるべき技術や知識が、逆に大きなマイナス要素にもなるという危うさを教えてくれたのは先生でした。

手紙以後の花をまとめた本をだしたとき、先生から電話をいただきました。とてもよかったって。それがきっかけで、またおつきあいがはじまります。うれしいというより、ホッとしました。

'99年秋、先生が亡くなられてからはじめて鶴川のお宅を訪ねました。あの、応接間にドンと置いてあった革張りのソフアもなく、生前にくらべてものはすくなくなっているのに、家を狭く感じたのはふしぎなことです。

そのときいけた53頁のたてはなは、先生への献花のつもりです。こんなシンプルなたてはなは日本の花の歴史にはありません。でも、長女の桂子さんもおっしゃっていましたが、先生は新しいもの好きでした。先生のまえで花をいけるとき、私はいつも「新しい花をみせてよ」といわれていたような気がします。これからの私は、こうした虚のない花をいけてゆきたい。先生、これがいまの私です、そんな気持でいけた花です。

考えると、先生は私にとって唯一の批評家でした。私の心の真ん中には、つねに先生がいました。どんな場所で花をいけても、先生がみたらどう思うだろうという意識を消すことはできませんでした。

青山二郎も友枝喜久夫さんも、じっさいは先生がお書きになったような方ではなかったろうと私は思っています。おなじように、先生が思いえがいた川瀬敏郎も、私にとっては虚像でした。それは誤解ではなく、とてもありがたいことでしたが、先生のまえで私が正直になれなかったこともたしかです。先生が創作した「川瀬敏郎の花」を私はずっといけつづけてきた、でもほんとうに自分がいけたい花は、もっとべつのものかもしれない……亡くなられたあと、そんなふうに考えるようになりました。

私のなかから白洲先生の影が消えたときにはじめて、ほんとうの「川瀬敏郎の花」がいけられるのではないか、またそうしなければ、18年前の手紙で「花の新しい様式を創り出して見せて下さい」と書いてくださった先生との約束をはたしたことにならないのではないか、私はいま、そう思っております。［談］

花をたてる――川瀬敏郎

白洲正子

先日、文化映画を撮影しているフランス人に会った。日本の伝統芸術を収録しているという。方々旅行して、材料をさがしていたらしいが、お能や歌舞伎はともかく、華道というものは、どうも自分には納得が行かない。生きている花を針金でしばったり、ペンキで塗りたくったりする。時にはオブジェとか前衛活け花と称して、巨大な木の根を楔でしめつけ、逆さにつるして見せることもある。日本には、「花を生ける」という言葉があると聞くが、自分にいわせれば、あれは「花殺し」だ。第一ちっともきれいではない。人目を驚かすことはできても、人の心を休ませてはくれぬ。「あなたはどう思うか」と、真向から切りつけて来た。

たしかに日本の華道は、戦後、あらぬ方向へ進んで来た。「芸術」という言葉を知らなかった頃は、どこの家でも無心に花をいけていたが、そこへ近代的な理論が入って来ると、「花をいける」だけでは頼りなくて、しっかりした形がほしくなった。花にも昔から動かしがたい形式がある筈だが、そんなものは単純すぎる上、古くさい。古いものは壊しちまえ、というわけで、花は路頭にさまよう結果となった。床の間を失ったことも、大きな原因の一つであろう。床の間にとってかわって、展覧会場という厖大な空間を埋める必要が生じ、もはや昔ながらのお花では、世間に通用しなくなり、彫刻まがいの「芸術」に変貌した。芸術家になりたい先生達は、我も我もと展覧会へ殺到する。華道の人口がふえたのは、静かに花をいけて鑑賞する人々ではなく、専門家になりたいためだと、私などは理解しているが、そんな家庭の事情は、フランス人にとって、どうでもいいことであった。要するに、「花殺し」ではなく、「花いけ」をする人がいないかと、彼は探していたにすぎないが、素人の中には、ひそかに花をいけて楽しんでいる人たちはいても、専門家はどうか。私の知る範囲では、適当な人物はいないと答えると、彼はがっかりした顔つきで帰って行った。

華道について、門外漢の私が、とやかくいう筋合ではないが、外国人を落胆させたのは残念であった。たしかに花の世界は変ってしまったが、それは変るべくして変ったので、その渾沌の中から、今は新しいものが生れなくてはならない。日本には長い花の歴史がある。外国から

［右］たてはな。器は信楽大壺。
撮影＝松藤庄平（67頁まで同）
［左］なげいれ。

輸入した思想ではなく、ほんとうの意味で伝統を生かす人間を求めているのは、私だけではないだろう。そう思っていた矢先、忽然と、一人の青年が私の前に現れたのである。

それはまったく偶然のことであった。ある料亭で、花をいける集りがあり、見に来ないかとすすめられた。大した期待も持たずに行ってみると、ほの暗い部屋にろうそくがつけてあり、お客が十四、五人集っている。花をいけるのは、兄ちゃん風の坊主頭の若者だった。ただし、いけるのではなく、たてるのであって、「たてはな」と呼ぶと彼はいった。世にいう立花《りっか》（立華とも書く）は、徳川中期ごろにできた名称で、室町以前はただ「花をたてる」、もしくは「たつる」といい、神仏に「たてまつる」意味をふくんでいた。彼が目ざしているのは、立花でも活け花でもなく、そのはじめの姿に還ることであった。

正にそれは「たてはな」としかいいようのないものだった。「こみわら」といっ

て、藁を束ねたものを器に入れ、太い木（その時は椰子であった）を中心に、鋭い気合とともに真直ぐに突き刺す。「花をいける」なんて生易しいものではない、全身全霊をこめて行う仕草には、空手か剣道のような殺気さえ感じられ、これは男のものだと私は合点した。

その中心の木に、山ぶどうとか薄とか、季節の草花をあしらい、底紅《そこべに》のむくげを一つ、真中にさす。その一輪によって、全体がしまってみえるだけでなく、きびしい「たてはな」に、ほのぼのとした色気がただよう。そこまで出来たところで、てっぺんに、蓮の蕾をさしたが、これが「天」を現すことは素人目にもわかった。古代の神は、依代《よりしろ》の木に降臨したが、そんな風にも思われるし、また、人間がたてまつる花が、天へ向って、祈りをささ

［上］石留のいけはな。白洲さんが吉野川で拾った河原の石を花留に使っている。器はくろめ鉢。
［左頁］いけはな。信楽大壺に秋草が咲きみだれる。

白洲家の竹藪へ入り、目ぼしい竹を物色し、切る
川瀬敏郎氏。白洲さんは「手さばきが美しくて、
素早い……鋸の音まで冴えて聞える」と紹介した。

げているようにも見える。最後に彼は、もう一つの蓮の蕾をとり、そっと見えないように後側にさし、「これは自分のための、手向けの花です」と、羞かしそうに断わった。

ほのかな灯し火の影に浮び出た「たてはな」は、世阿弥の「花」を想わせるように幽玄であった。私は久しぶりで、ほんとうに久しぶりで、この世のものならぬ世界に遊ぶ心地がした。それも束の間のことで、彼は完成したばかりの「たてはな」を崩しはじめる。「惜しい」と、誰も彼も叫んだ。が、花は長い間眺めているものではない、「別の形に生かしてみせます」といって、同じ花を用いて「抛入《なげいれ》」と、「いけはな」を行ってみせてくれる。次から次へと、みごとな手さばきで、胸のすくような「たてはな」のヴァリエーションである。「たてはな」を楷書とみるなら、「いけはな」は行書であり、「なげいれ」は草書にたとえられよう。そのどれ一つをとってみても鮮かなもので、私たちはただあれよあれよと見とれるばかりであった。

先に私は、この青年の動作には、空手か剣道に似た趣があるといったが、行・草の時代になると、「たてはな」のきびしさは失せ、飛鳥のように軽快な動きになって、何も思わず、何も考えず、ただ楽しげに遊んでいるように見える。今、私は思わず行・草の「時代」と書いたけれども、たとえ無意識にせよ、彼はそういう動きの流れの中で、無言のうちに日本の華道の歴史を物語っていた。「たてはな」の真から起った花の道は、やがて「いけはな」となって、流儀が出来、「なげいれ」に至って、個人のものになる。「天地人」というお花の基本の形に、そういう歴史の裏打があることを私は知った。

真から行へ、行から草へと、次第に姿を変えて行った日本の花は、崩れに崩れて今はまったく形を失い、流儀や針金でつっかえ棒をしている始末だが、それというのもしっかりした元の形を忘れたからである。日本で一番古い流儀といえども、徳川末期の立花《りっか》にかじりついているにすぎない。私は目の前に現れた無名の青年が、それらすべての束縛から逃れ、古典の重荷を脱却して、はじめて花をたてた人の喜びを、生き生きと表現していることに感動した。

十杯くらいいけた後で、彼はガラスの器に秋草を沢山いれ、庭の竹林にそれを置いた。夕風に薄の穂が乱れ、今打ったばかりの水が露となって、女郎花の花にふりかかる。それは野分の後のように涼しげな風景で、都会の喧騒の中にいることを忘れさせた。

そこではじめて私は、彼の名を知った。川瀬敏郎といい、今年三十歳になったばかりだという。家は花屋さんで、京都の六角堂の門前にあり、古くから池坊に出入りしている。ほかの客がいるので、その時はそれだけに終ったが、「日本のたくみ」には欠かすことのできない人物である。客が帰った後で、意向を聞いてみると、自分はひま人だから、いつでも喜んで花をいける。私が田舎に住んでいることを彼は知っていて、「では、お家の竹を切ってたてましょう」「願ってもない仕合せ」というわけで、家へ来て頂いたのは、それから数日後のことであった。

直ちに彼は竹藪へ入って、目ぼしい竹を物色し、馴れた手つきで切りはじめる。「たてはな」の器には、信楽の大壺をあらかじめ選んでおいた。下草には山に咲いている百合と秋草を用いることにした。

例によって、こみわらを器に入れ、気合をかけて太い竹を突き刺す。この中心になる木を真（身または心）といい、背骨の役割をはたす。その時、気合をかけるのは演技ではなく、実際にそうしないと、大きな木をたてることは不可能である。「女の方には無理な労働です」と彼はいうが、たとえ労働でなくても、「たてはな」の原理には、物理的にも、生理的にも、女には向かないものがあることを、二度も見せつけられれば、大概納得が行く。お茶もお花も、女性の手なぐさみになり終ったことが、今日の流行と頽廃をもたらしたのであろう。
下草には、あけびの蔓と羊歯の葉をあしらい、上段に百合の花を、真中にはむくげをそえて完成する。竹の切口がわざと裂いてあるのは、器の破瓶《やれがめ》と対比させるためで、銅器の場合は絶対にそういうことはしない。信楽の壺のふちが少し欠けていることを、川瀬さんはいつの間にか見ていたのである。花を写真に撮ることはむつかしい。その中でも「たてはな」の、天まで届けと延びた大きさと、健康な姿を再現することは不可能だが、松藤さんの苦心の作によって、おおよその風韻は想像していただけると思う。（61頁右図）

「たてはな」が終ると、「なげいれ」にとりかかる。いい形の枝がついた竹を、掛《かけ》花入《はないれ》の寸法に切り、中をえぐってむくげをさす（61頁左図）。ただそれだけの単純な「なげいれ」だが、枝の曲り工合といい、葉のつき方といい、一分のすきもないのは凡庸な腕前ではない。いってみれば、器と花が一体になっているのがこの作品で、手近にある材料を使うのが、「なげいれ」の理想だと彼はいう。自然のままの姿を大切にし、よほど必要な場合しか鋏も入れない。有名な利休の「夜長《よなが》」とか、「園城寺」の銘ある竹の花入れも、無数に作ったものの中から、たまたまいい姿のものを残して伝えたのであろう。特に後者は、竹が割れたために、三井寺の破鐘《やれがね》にちなんで、後世の人が「園城寺」と名づけたのは心にくい趣向である。

そんな話をしながら、次から次へいけて行く。そこには少しの逡巡もない。いける前には、ああもしたい、こうもいけようと、何日も考えることがあるが、その場になると皆忘れてしまう。

「わたしの花は即興です。立ちどまって考えると、花は死ぬ。まして、いじくり廻すことは禁物で、すべて一発勝負です」

そういう人の花は、展覧会向きではない。出来上った作品を見せるのではなく、いけて行くその動きの中に「花」がある、そういっても過言ではないと思う。今日のような場合は、竹を切るところから、既に演技がはじまっていた。あえて演技というのは、手さばきが美しくて、素早いからで、鋸の音まで冴えて聞える。これは花屋の息子さんであることと無関係ではあるまい。昔、西川一草亭といういけ花の名手がいた。彼も京都の花屋の出で、津田青楓の兄さんであったが、実に趣味のよい花をいけた。が、川瀬さんの場合は、室町以前の「たてはな」から入って、その技術を「いけはな」と「なげいれ」に生かしているところに特徴がある。別の言葉でいえば、楷書から行・草へと発展して行ったので、お能でいえば、序破急の方則にはまっている。彼の動きが美しいのは、根本から出発したためで、物心もつかぬうちから、花を愛し、花をあつかうすべが身についていたに違いない。

それにしても、どういう修業をしたのか、本人に聞いてみると、子供の時から花をいけることが上手で、色々な人に褒められた。やがて、日本の華道にあきた

白洲さんが手に入れたばかりの十一面観音への献花。

らなくなって、演劇を研究するために、パリへ渡った。外国へ行くと、日本のことがよくわかる。二年間滞在している間に、生れた時から親しんだ花というものが、はっきり目に見えるようになって来た。再認識したのではなく、その時川瀬さんは、自分を発見したといえるであろう。二十四歳で帰国した後は、花に関する古今の文献を読み、その中には世阿弥の花伝書から、古今東西の文学までふくまれていた。彼の教養は、驚くほど広範に亘っているが、単なる知識に終っていないのは、一つのものをしっかりと身につけているからだろう。華道に専心するようになって、まだ二年しか経たないが、花は十人十色だから、自分には流儀はない。お弟子は何人かいても、しょせん人に教えることはできないと彼は語った。

「たてはな」は素人にも一目瞭然であるが、「いけはな」と「なげいれ」の違いがよくわからない。川瀬さんは、そのことについて、わかりやすく説明して下さった。

それによると、「たてはな」は書院、もしくは御所のものであり、「風」を象徴しているが、「なげいれ」は草庵、あるいは僧坊の花で、「水」を現している。その両者に対して、「いけはな」は町人の花であって、建築でいえば、数寄屋造りに相当する。はじめはイケハナと、濁らずに発音していたのが、次第にはやるようになって、イケバナと呼ぶようになり、ついには華道の総称となるに至った。「なげいれ」と、「いけはな」の間には、歴然とした違いは見出せないが、前者は（なげいれだから）花留《はなどめ》を用いず、後者にはさまざまの留めかたが工夫されている。が、「剣山だけは使って下さるな、花がかわいそうだから」と、彼はつけ加えた。

「たてはな」から、すぐ「なげいれ」へ移って行った理由が、それでわかった。この二つは、——つまり書院と庵室の花は、同じ次元のものであるが、数寄屋のいけ花は世界を異にする。最後に、その「いけはな」をして下さったが、一見「なげいれ」のように見える鷺草には、私が吉野川で拾った河原の石を（花留に）使っており、器は漆をまぜる「くろめ鉢」である（62頁）。もう一つの「いけはな」は、信楽の大壺に、秋草が咲き乱れている（63頁）。

最近、私は、木彫の十一面観音を手に入れた。誰にも見せずに、奥のひと間にかくまっておいたが、竹を切っている時、川瀬さんは、ガラス戸越しに垣間見たらしい。油断のならぬ若者である。

「観音さまにお献花させて下さい」

そう申し出て下さったので、竹で光背を造って頂くことにした。こういう所に掲載するのは気がひけるが、写真にとられてしまったのだから仕方がない。最初は気のりがしなかった私も、竹の園生に湧出した観音さまを見て、さすがに美しいと思った。竹をテーマにした花の変奏曲は、ここにおいて極まったといえる。やはり日本の花は、神仏にたてまつるものであることを、私は肝に銘じて知ったように思う。

遠い山

田島隆夫

六月へ入ったある日、求龍堂から『白洲正子 私の骨董』という本が送られて来ました。ソフトカバーの感じのいい本で、表紙いっぱいに朱漆の盆が載っています。「出た出た月が」という童謡がありますが、お盆のような月ではなくて、月のようなお盆です。

　草の中に一匹の兎がねころんでいて、頭の上の三日月を見あげています。ねころんでいる格好が、肘枕をしている人間という按配です。お盆が月で、月だから兎で、その兎が月を眺めているという寸法です。それだからいいお盆になったのでしょう。

　月の金いろに、朱の地がかすれていますから、よけい月が明るく見えてそれだけでも美しいと思いました。

　それはいいのですが、一緒の封筒に『白洲正子を読む』という本の企画案が入っていて、執筆者にいろいろな分野の人の名がありましたが、後の方に自分の名をみてびっくりしました。みな名立たる方々で、本を書き、話をして世に知られています。こっちは黙っていなければ仕事になりません。

　数日後、電話がありましたのでそう返事をしたのですが、話はどうやら、物を作っているのを一人いれようということらしく、結局ここで半分観念し、挙句、自分と顔を付きあわせて、どう仕様もないだろうということになってしまいました。

　去年の五月、ずいぶん久しぶりに鶴川のお住いをお訪ねしました。たまたまその日は、『私の骨董』の書画の写真撮《と》りが行われておりまして、それも今日で終りとのことで、いつも閑静なお住いもなんとなく差し迫った空気でした。

　玄関を入ったお部屋でお話を伺ったのですが、先生がおたちになる時がありますと、私はとなりの部屋をのぞき、ライトの中の熊谷さんの書をすこし離れて見ていたり、奥の間で準備している次に撮るものを、わくわくしながら見せて貰ったりして、いい時に来あわせたのを愉しんでおりました。

　橋図団扇絵の軸を撮ることになったとき、それと知った先生は、「波のところがよく出るように撮ってよ」と声をかけられました。

　以前、いちど見せて頂いているのですが、あっと言わせるほど極まった構図で、これ以上簡潔にしようもない橋のかたちにしばらく眼がはなせませんでした。しかも川の描写は対蹠的に至極繊細で、一体どんな作者の手によるものなのだろうと思いました。橋と黒い波立つ川のほかは何もなくて、これは人の渡る橋でも、彼岸へ渡る橋でもない、そんな理屈の外

「波のところがよく出るように」と撮影にこだわっていた「橋図団扇絵」(江戸　紙本著色24.0×23.0)
[左頁]はじめての訪問の折、焙じ茶をすすめられた志野輪花盃（桃山　高6.0)。撮影＝藤森武

にかけられていて実に明快で洒落ていました。
漆黒の川を背景に、やさしい色あいの橋の中ほどが、ゆるく弧をえがいて団扇を広く横切っています。その橋のかかる漆黒の川面《かわも》に眼をこらしますと、盛りあがるような線で、波がしらをたてた川波がうねって流れているのです。撮影している方たちも、顔を近づけてはじめて気が付いたようでした。

はじめて鶴川に先生をお訪ねしたのは昭和五十五年でしたが、その日、『私の骨董』に志野輪花盃で載っている小ぶりなうつわで、焙じ茶をすすめて下さいました。きっといい物なのだろうと思っただけで、おいしく戴いてそのままお盆の上に返したのですが、それは、志野はこれ一つあればあたしは他に要らない、と言われる程先生お気に入りのものだったのです。こんなことをわざわざ書くこともないと思いますが、分らなければそんなものです。

ついでにもう一つ似たような話を書いておきますと、何時でしたか、これも『私の骨董』に載っている天平古材（10～11頁参照）というのを見せていただいたことがあります。これは偶然拝見したのですが、天平と言われておどろいて見直しました。白土とのことですが白く塗られている下に杉の木目の見てとれる一枚の板としか見えませんでした。これが千数百年を経た白さかと思うくらいで、なぜこの板がここに在るのかという方へ行ってしまいました。

しかしその時思いましたのは、骨董には眼利きだけに見えるこたえられぬ面白さがあるのかも知れませんが、この場合は、眼利きの眼とは別なはたらきがなかったら堪能できない何かがあるのではないだろうか、ということでした。それをどう言っていいか分りません。どこまで行っても割り切れずに残るもののあるのがこの世としますと、そこでみんな生きている訳ですが、古いものの中にも、眼が利くというだけでは見切れない、ものに取り込まれている余剰の部分があって、それが先生には見えているのではないか、と言ってみればそういうようなことです。

ものに限らず人間や他のことについてもそうですが、事柄に対して実に即妙な反応をされて見極めてしまうところは白洲流と言ったらいいのでしょうか。そうして、いろいろ本を書いておられますが、それでも殆んどは言葉にされず、心に溜められたまま今日を見ておられる風に私には思われます。山野の花を愛《め》で、器を選ばれて活けられる愉しみも閑雅だけのものではないように思えるのです。

迂闊《うかつ》に前を横切りますと、何気ない浄《じよう》玻璃《はり》に写るおのれを見ることになり兼ねません。

志野輪花盃で焙じ茶をいただいたことを書きましたが、それで思い出すことがあります。亡くなった現代画廊の洲之内徹さんに絵の個展をやって頂いていたころの、一九八四年の案内状の〝画廊から〟に、洲之内さんが書いておられる文章なのですが、ここに引用させて頂きます。

《この間、五月の十日頃、私は白洲さんのお供をして、大垣の矢橋さんという旧家へ牡丹の花を見に行った。私が先に名古屋へ行っていて、名古屋駅のプラットホームで落ち合ったが、東京からは織物の田島さんが白洲さんについてきていた。私はふだん牡丹なんか見ることがないから、広い牡丹園に咲き乱れる牡丹を見ても、ただ綺麗だなあと思うだけだが、聞けば、なかには百八十年もの古木もあるのだった。そのあと、お茶室でお茶を戴いたが、白洲さんは、このお菓子、いま戴いてもいいのかしら、教えてちょうだい、などと言う。白洲さんがそんなことを知らない筈がない。隣でカチンカチンになっている私をリラックスさせようとして言っているのだ。私が飲みおえた茶碗をポンと置くと、白洲さんが、そのお茶碗はね、洲之内さん、一つか二つしかないというものなのよ、と言う。一つしかないとはどういうことか、訊いてみると、筍絵という志野の名品で、本当に日本に二つしかないのであった。この家に代々出入りしているという道具屋さんが、傍から、いま二千万では買えないと言い、私は肝を冷やした。翌日は荒川豊蔵さんの家へ行ったが、白洲さんはそうやって、こういうことでもなければ私には縁のない世界を、私に見せてくれたのだろう。》

その時の茶碗も『私の骨董』に載っていますが、私は決して洲之内さんも私と同じだというつもりで言っているのではありません。洲之内さんは文章に関しては当然信念を持っていた人です。その茶室で、私は洲之内さんの次に坐っておりましたが、別にポンという置きかたをされたわけではありませんでした。これは言葉です。その言葉は〝画廊から〟を書くときには、肝を冷やしたことにならなければなりませんでした。

ポンは、二千万円をしりぞけたのだと私は思っています。

小林秀雄先生が、洲之内さんを当代いちばんの美術批評家だと認めておられたことを、白洲先生は何回か言っておられますが、同じ「芸術新潮」誌上に執筆されていても先生と洲之内さんはお会いになる機会に恵まれず、先生がはじめて現代画廊に洲之内さんを訪ねられたのは、小林先生を亡くされてしばらくたってからだと思います。

居坐機を織る田島隆夫氏。撮影＝松藤庄平

銀座の裏通りの、見るからにひと昔まえの厚ぼったいビルの三階の、どこそこ主の絵への入れ込みが沁みついているような、そう広くもない画廊では、洲之内さんを中にして、老大家から若い画家まで、画家に限らず、真に絵の好きな人たちが夕方から集り、盃をあげ、談論風発といった状況が毎夜のこととなっておりました。

白洲先生が見えるようになって、とくにお二人の尽きぬ話は夜更けにまでおよび、うす明るくなってから帰られることもたびたびであったと言います。夜明けまで意気投合されておられる様子は、同席していたように眼に浮びます。

まったく違う生き方をして来られたお二人ですが、多分、小林秀雄という大きな存在の時代を共有していた意味合いが当然話題の内側にあって、単なる邂逅という以上に、どんなにかはずんだ会話となったことであろうと思うのです。

当時、「芸術新潮」には洲之内さんの「気まぐれ美術館」の長い連載と、白洲先生の「日本のたくみ」、少し間をおいて「西行」の連載があって、この雑誌の二つの柱となっていたと思います。余談になりますが、私の織物について洲之内さんが「気まぐれ美術館」に、白洲先生が「日本のたくみ」に、そして「銀花」には余技の絵のことなど書いて下さったのがこの頃で、まだ永田町にあった銀花ギャラリーで織物と絵の展覧会をしたのも同じ頃の昭和五十六年でした。この時は洲之内さんは九州を旅行されていて代りの人を見に来させていたとのことでした。その後しばらくして現代画廊を訪ねましたところ、洲之内さんと白洲先生がソファーで話しておられ、その時、洲之内さんから、うちで展覧会をしませんか、と言われて、これには大変おどろきました。「やって頂きなさいよ」と先生からもお口添えがあって、その翌年の五十七年から亡くなられる六十二年までの六年間、個展をやっていただくことになったのです。その案内状に先生はいつもなにかとご感想を書いて下さり、当然洲之内さんの画廊からもあり、こんなことは全く稀有なことだったのだと今更ながら思っております。

私がはた織りをはじめた頃、いまから四十年近い昔になりますが、先生は銀座で〝こうげい〟という染織の店をやっておられました。店を持たれた頃のご苦労のほどは自伝にも書かれておられますが、そんな時でも、作家や職人に何時も良くして下さったのは、物を愛し、物がお好きだということにあると思います。居坐《いざり》機《ばた》を織る男がいるからと、紹介して下さった方がおりまして、その時はじめて先生にお会いしたのでした。橋図団扇絵についての先生の言葉はこころに残っておりましたが、それよりずっと以前、私が〝こうげい〟に出入りするようになった頃、同じように忘れがたいお話に接したことがあります。

それは、絵巻物の一つ一つをつなぐ間に描かれているところについてでしたが、大変印象に残ったのです。何故かと言いますと、すでに使われなくなった居坐機は、一般の高機より風合いのよい裂《きれ》が織れる道具でしたので、晴着より着る着物を織りたいと考えておりました。

絵巻物の中の間《ま》として描かれた部分についてのお話は、なんでもないものが、ただごとでない、という在り方に、自分の仕事の始末があると考えていたことに重なる、貴重な啓示を持っていたのでした。

この時のお話は、物作りの心得や立場を心に置かれて話して下さったのではなかったかと後になって思いました。

当時、昭和三十六年頃、使われる当てを失った農家自家びきの、糸として最も在るがままの姿を持った生糸と出遇い、その糸に教わりながら織りつづけた数年がありましたが、そうして出来た裂の、因って来るところを先生はすべて見通しておられたのでした。

通称されている青山学校以来、幾多の修羅場で鍛えられた眼と聞いてはおりましても、それがどれほど深いものなのか想像のしようもありません。

『私の骨董』のはじめの、ものを見る、というところで、どきどきさせるものだけが美しい、と書かれていますが、この言葉には、こちらまでどきどきしてしま

います。当り前のように言ってのけておられるだけに、ものの美しさに理屈などないことをはっきり言っておられます。好きなものと付き合っているうちに、ご自分の欠点も、長所も、いかに生くべきかまで教えられたと言われている先生は、私には遠い山のような方で、あれこれ言いましても、殆んど何も分らずに来てしまいました。

ふと、騒人《そうじん》という言葉が思い出されましたが、春風が花を散らす夢は、醒めてもこころを騒がすという、歌そのままのこころ騒ぎがいつも先生の心の奥にはあって、能も骨董も包みこんだ大きな振幅の中で、猶も、山河にこころを馳《は》せ、どきどきさせるものを求めて、ついに止《や》むことは無いのだろうと思われます。

畢竟《ひっきょう》は、もののあわれや、数奇《すき》の涯《はて》の危うきに遊んでおられるのが、先生というお人なのではないのだろうかと思いますが、それも深い意味も分らず、ただ言葉の上だけでそう思うというのが正直なところです。

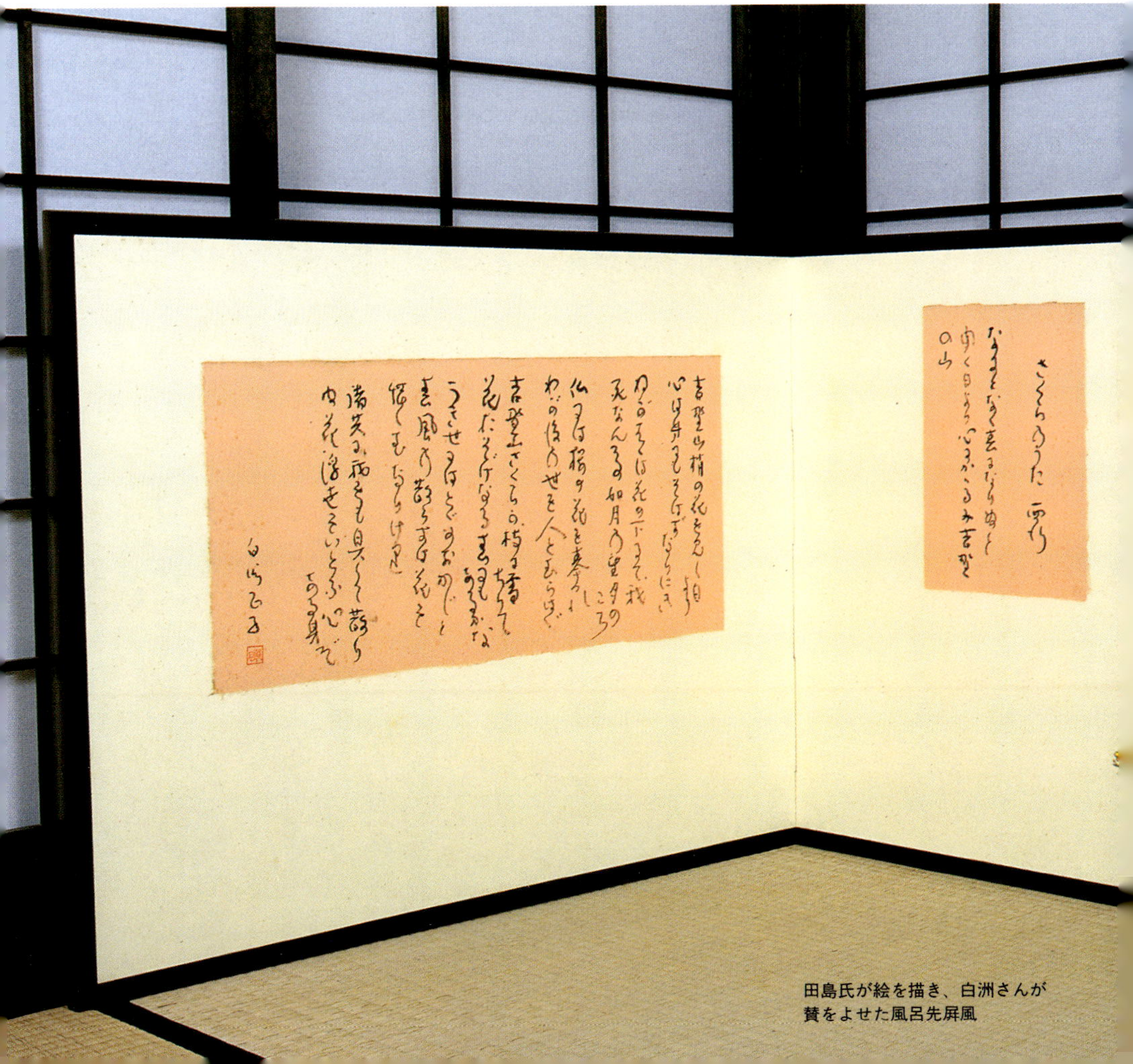

田島氏が絵を描き、白洲さんが賛をよせた風呂先屏風

糸に学ぶ——田島隆夫

白洲正子

田島隆夫さんとは、二十四、五年前からの付合いである。私が銀座で、染織工芸の店をやっていた時、柳悦博氏に紹介された。柳さんは、宗悦氏の甥で、織物の方では著名な先生であるが、人の面倒をよく見るかたで、面白い職人がいる、中々気骨のある人物で、織物ははじめたばかりだが、きっと気に入るから会ってみないかといわれた。

そこで私は田島さんにむつかしい注文を出してみた。この頃は結城紬でも大島絣でも、技術が発達しすぎたせいか、見てくれのいい平板な織物になってしまった。それはこまかい絣を織りやすくするために、糸を糊でかためてしまうからで、たとえ銘仙でも、昔はざんぐりした味わいを持っていた。私はそういう織物を求めているのだといって、二、三古い布の見本を渡して帰した。

彼はだまって聞いていたが、しばらく経つと持って来た。見ると、初心者とは思えぬほど味がいい。だが、織物は着てみなくてはわからない。その頃私は、新しい作品ができると、必ず自分で着ることにしていたが、そうしないと欠点がわからないし、客に対して責任も持てないからである。田島さんのきものは、たしかに着心地がよかった。見た目にも美しかった。が、しばらく経つと、欠点が出て来た。「味」に重きをおきすぎたために、腰がないというか、着ていて頼りなく感じるのだ。私は素人だから、それが糸のせいか織りかたによるのか、わからなかったが、きものとしては不完全であることを注意した。田島さんはだまって聞いていたが、しばらく経つと、また持って来た。

その度にこちらは勝手な注文を並べたてたが、彼はいつもだまって聞き、だまって織って来た。そういう付合いが、二十数年もつづいた。その間に彼は小気味よい程成長して行き、今や押しも押されぬ一流の職人に育った。あえて作家と呼びたくないのは、近頃は織物の作家など掃いて捨てるほどいるからだ。その中で、職人の腕を持つ人は数えるほどしかなく、腕は持っていても、眼の見えない人が大部分である。美しいものが見えて、しかも職人芸に達している、田島さんは稀に見るそういう人物なのである。

長い付合いといっても、相手は殆んど口を利かないのだから、私は田島さんをよく知っているとはいえない。が、織物を通して、その人間には通暁しているつもりである。あくまでも、それはつもりであって、彼の口から直かに話を聞き、暮しぶりを見ないことには、書くことはできない。で、そのことを確かめるために、一日彼の家を訪ねてみることにした。

住居は行田市埼玉《さきたま》という所にあるが、行田に編入される以前は、埼玉県北埼玉郡埼玉《さきたま》村字埼玉《さきたま》百塚といい、有名な鉄剣が発掘された埼玉《さきたま》古墳群の只中にある。中山道をはずれると、見渡すかぎり開けた田園地帯となり、遠くの方に古墳が点在するのが見えて来る。さきたまという名前がいくつも重なっているのをみてもわかるように、ここはかつてさきたまの国の中心であり、肥沃な平野の中に豪族の首長が住んでいたに違いない。田島さんの家も、緑の畑にかこまれて建っており、ささやかながら豊かな環境の中で暮していることがわかる。

「昨日おいでにならなくてよかった」

玄関へ入るなり、田島さんはそういった。昨日は赤城颪が吹き荒れて、外出することもできなかったという。のどかに見える農村にも、自然の脅威がないわけではない。特に三月は、毎日のように西風が吹くので、落着くひまもないと語った。

ふだんは無口な田島さんも、私にサービスするつもりなのか、今日は何でも喋って下さる。行田は足袋の産地なので、足袋屋の出かと思っていたら、そうではなく、家は代々紺屋であった。この辺では、「ぢざいく紺屋」といい、友禅でも木綿絣でも、神社の大幟《のぼ》りから、印半纏に至るまで手がけていた。何でも細工ができる土地の紺屋だから、「地細工」と呼ばれたのであろう。織物は、母親から習った。昔の農家の娘さんは、織物ができなくては嫁に貰い手もなかったので、織ることはいわば日常生活の一部にすぎない。田島さんにはじめて会った時、素人にしては巧すぎると思ったが、彼の体内には藍の香りと、糸の触感が、何代にもわたって染みついていたのである。

彼は子供の時から、家業の紺屋を手伝っていたが、織物に志すようになったのは、父親が死んで、分家をした後のことで、既に三十をすぎていた。そうしたある日のこと、参考書を求めて、駒場の民芸館へおもむいた。民芸館では、参考書など一冊もないといわれたが、折よく柳(悦博)先生が見えており、親切に応対して下さって、木綿では大変だから、絹で織った方がいいと注意された。木綿では需要が少ないし、値段も安いから、暮して行くのが大変という意味だろう。民芸館へ行って、偶然柳先生に会わなかったら、私と付合うこともなかったであろうし、まったく別の道を歩んでいたかも知れない、縁というのは不思議なものだと、彼は述懐する。

私に紹介されたのは、それから一年ほど後のことで、二度目に会った時、私は絵巻物の話をしたそうである。何の話であったか、まったく記憶にないが、絵巻物の一つ一つの絵がつながって行くところに、何ともいえぬ妙味がある、絵そのものよりも、その間《ま》のつかず離れずの筆使いに、深い味わいがあるというようなことで、早くいえば、間というものについて語ろうとしたらしい。それが田島さんにはヒントになった。無意識に喋ったことが、何かのためになったとしたら、冥利につきるというものだが、他人のふとした言葉を盗むことができるのは、田島さんの耳がいいからである。

むつかしい仕事の注文をうけてから、彼は熊谷の屑繭買いに、農家の蔵に眠っている糸を集めさせた。もともと埼玉から群馬へかけては、養蚕の盛んな地方である。このごろのように物がたやすく手に入るようになると、自分で織るより、買った方が早いというわけで、家族のためにひいた糸がたくさん残っていた。それは値段も安かったし、種類も多種多彩であった。ひく人の数だけ、糸も違っていたといえよう。ただ一定しないのが、欠点といえば欠点で、糸の山の中に踏み迷って、茫然自失したという。が、我慢して桛《かせ》に巻いている間に、実に多くのことを糸から学んだ。そういう糸には、命があった。時間を忘れ、金に換えることを忘れた糸には、口では説明しがたい美しさがあり、素材の持っている心にふれる思いがした。それには限度のあることだから、四、五年経つうち、手持ちの糸は尽きてしまったが、織る仕事より、糸にふり廻されている期間が長かったことは、結局仕合せであったと彼はいう。市販のものにはない暖かさと人間性を、わが物にすることを得たからだろう。それを織物に、というより、人生の上に生かしているのが、今日の田島隆夫である。ここでも完成した作品の裏にかくれている人々の愛情と努力を想わないわけに行かないが、何でもたやすく手に入るという近頃の風潮が、どれ程私たちの人間をゆがめ、冷酷にしているかわからない。

彼は参考にといって、そういう糸の一つを見せて下さった。それは今まで見たこともないほど光沢のある糸で、さわってみると、羽毛のように軽くて、柔かい。ただし、これは「蔵出し」の糸ではなく、結城で作ったものとかで、商品の糸は、桛に巻いてかわかすので、ぴんと張って、見ばえはいいけれども、けっしてこういう感触にはならない。桛に巻くことは巻くが、必ずはずして、楽な状態でかわかすから、ゆとりのある糸になるのだという。きつくひっぱったり、強い糊でかためた糸は、見たところは真直ぐで、きれいに仕あがるが、こういう糸は、霞のようにそこはかとなく波うっており、「糸には命がある」という言葉が、素人目にもよく理解できる。

それにしても、どんな人が作ったのか、訊ねてみると、結城の在に名人のお婆さんがいて、死ぬ前に寝床の中でひいたそうである。「死花」とはこういうものをいうのであろう。田島さんが織らないで、とっておきたくなる気持がよくわかるが、いくら美しくても、特殊な糸は、結城では規格の中に入らないので、はねられる。はね物だから、彼の手に入ったので、名人の最期の思いは達せられたというべきだろう。

ひと休みした後で、仕事場へ案内して頂く。先ず目につくのは、大きなつづらや箱がいくつも置いてあることで、この

しぶきとあかねの織物　撮影＝松藤庄平

中には糸がいっぱいつまっているのですと、楽しそうにいう。窓際には、「いざり機」が二つ置いてあり、常は奥さんと並んで仕事をしているらしい。世間で一般に使われているのは「高機」で、腰をかけた楽な姿勢で織るが、「いざり機」は、また「地機《じばた》」とも呼ばれるように、床に座ったままで織る。古い形式だから、造りも単純で、織機《しょっき》というより、原始的な道具といった方がふさわしい。

ふつうの織機と違っているのは、縦糸がはってある棒を「前がらみ」というが、それを「腰あて」でひっぱっていることで、身体を前後に動かすことによって、強弱を自由に操作することができる。その他、こまかい点をあげれば切りがないけれども、要するに、人間が機の中に入っていて、機の一部と化しているのが「いざり機」の特徴で、扱うのがむつかしいかわり、馴れればこれにまさるものはない。第一、でき上った織物の風合いがまるで違う。腰がきまるまでに、田島さんは、何年もかかったと聞くが、はじめから「いざり機」しか知らなかったのは幸いであったという。一度でも「高機」で織ったことのある人は、原始的な道具では無理が行くからで、人機一体の妙味を味わうことができるのは、何といっても「いざり機」である。

現在、「いざり機」は、結城で使っているだけで、殆んど「高機」に変ってしまった。その中で、田島さんががんばっているのは見あげたものであるが、彼にとっては自然なことで、別に肘を張っているわけではない。糸に開眼した彼は、「いざり機」以外で織ることは不可能だし、考えられもしないのである。自分は織物が目的ではない、「きものを造っているのだ」と、彼はしきりにいう。いくら生きているといっても、糸も織物も、そのままではしょせん物質にすぎない。が、きものは人間が着るものである。見て美しいだけでなく、着て味わってほしいのであろう。そういう作品は、展覧会向きではない。個展の口はしじゅうかかって来るらしいが、田島さんにはまったく興味がない。したがって、彼の名を知る人は少ないが、一度でもその着心地のよさ、ふっくらした糸の感触を知った人々は、もはや離れることはできないのだ。

「きものを造る」喜びを知ってしまった彼は、けっしてあせらない。実に悠々と仕事をしている。昔はいろいろな技術を試みたが、絣などにはもう興味がなくなって、織物は無地か縞に止どめをさすといっている。だから多くの色も使わない。こまかい絣や多彩な色は、生地の美しさを殺すからである。自分の技巧を披露するよりも、自然の素材を尊重したいに違いない。ひと月に二反織れば生活できるといって、後はもっぱらいい糸を探すことにかかっている。今年八十三歳になる加藤唐九郎は、五十年分の陶土を確保しているといったが、作家の気持とはそうしたものであろう。そういう彼の生活態度は、「時間を忘れ、金に換えることを忘れた糸」そのもののように見える。むさぼることを知らない暮しは、けっして楽ではないと思うが、まことに豊かで、充実しており、こういう人間がいる間は、日本の工芸も安心していられると思う。

田島さんは絵が好きらしく、壁には熊谷守一の書や、棟方志功の肉筆画がかかって、書棚にはルオーの画集なども並んでいる。

「あなた、絵もお描きになるんでしょう」

ふと気がついて、そう聞くと、毎晩仕事が済んだ後で、「精神安定剤に描いてます」と、笑いながら答えた。挿絵に一つ二つ掲げておくが、面白い絵で、椿がある間は椿ばかり、水仙がある間は水仙ばかり、というのんびりしたものらしい。だが、今の世の中にのんびり暮すのは、強い意志の要ることで、「胸中荊魚棲ム」というのが、偽りのない彼の心境であろう。

田島氏の絵「胸中荊魚棲ム」

　帰りがけに私たちは、埼玉古墳群を案内して頂いた。「百塚」と呼ばれていたとおり、田島さんが子供の頃は、至るところに古墳が林立していたが、山がない地方なので、開発の埋めたてに土を崩したため、十分の一ほどに減ってしまった。鉄剣の銘文が解読されて以来、にわかにマスコミの脚光をあび、「風土記の丘」と名づけて大切にされているのは、皮肉なことである。復元という名のもとに、二子山、丸墓などの木は伐られ、稲荷山の上には、石槨《せっかく》を保護するための小屋も建った。近くへよってみると、あらたに濠を掘ったり、庭木を植えたり、歩道を造ったりして、近代的な公園のように整備されている。広い田圃の中に、鬱然とそびえ立つ古墳を想像していた私には、このお化粧ぶりは意外であり、空々しく感じられた。まして、子供の頃、古墳の上へ登って遊んだ人にとっては、ふる里を失った思いであろう。田島さんが、たった一人で、弟子もとらず、展覧会にも出さず、黙々と「いざり機」を織っている気持が、私にはよくわかるような気がする。

白洲さんを〝巻く〟

三宅一生

「私が銀座で『こうげい』という店をやっていたころ、しょっちゅう遊びにいらっしゃる若い坊ちゃんがいらしてね、それがヒヨヒヨして細くて、神経質なのよ。それで、とっても熱心なの」と言って、彼女は笑う。

その神経質で頼りない坊ちゃんが私で、語っているのは白洲正子さんである。当時の私は美大の学生だった。その後すぐにパリへ行って……それから現在まで長いような短いような四十年が過ぎた。

「たいせつなのは、ほんとうに美しいものを見つけて、知ることね」。

まっすぐにモノを見るひとだから、話すことばもずしりと伝わってくる。パリから近況を知らせる手紙を書くのも楽しみだった。いつも遠くのほうからじぶんを見ていてくれる、彼女の存在がありがたかった。

「ちょっとお待ちになって」、話の途中でついと白洲さんが立ち上がる。なんだろう、私には判らない。彼女は部屋の一隅に活けてあった花を手に取る。およそ三十秒ぐらいの間、その花の茎を揉み、別の花器に移し入れた。すると、花はみごとに生き返った。花を活けることは、いのちを配置することなのだ、と教えられた。日本へ帰ってきて、鶴川にあるご自宅を訪ねた折りの忘れ得ぬひと時である。

「あなたの服は、どこから首や手を出していいか判らないじゃあないの」と文句を言いながらも彼女はうれしそうだった。たくさんのことを知っている人が、とまどいながらも苦笑いを隠しきれない、そんな笑顔だ。それまで数々の着物や、バレンシアガ、サンローランなどを着ていた白洲さんが、ようやく私を友人として扱いはじめた瞬間だったのだと思う。一茎の花からいのちが溢れ出るように、一枚の布から服の歓びをつくろうとしてきた私のしごとを心から祝福してくれる白洲さんの気持ちが伝わって

三宅一生デザインの服でポーズする白洲正子　１９８９年
photo:SNOWDON「ISSEY MIYAKE PERMANENTE 1990
SPRING/SUMMER COLLECTION.NO.9」より

きた。

「巻いてちょうだい、〝巻き巻きおじさん〟」。

四年前の暮れ、ある雑誌が白洲正子の特集を組むということで、白洲さんからご指名をいただいてモデルになってもらい、これから写真撮影がはじまる。彼女のまわりをとびまわりながら着せつけをしている私を見ながら、白洲さんは楽しそうだった。このときの白洲さんとのやりとりは、今思い出してもなつかしくおかしい。

アメリカ留学の体験をもつ白洲さんは、着物でも洋服でも、なにを着ても無理なく自然で美しかった。というか、ご自身が発光するのを知っているから、なんでも受け入れ、着こなしてしまうすごさがあった。ちょうど十年前、イギリスの写真家スノードン卿による撮影のため、白洲さんに私の服を着ていただいたときも、「私はどれを着るの？ なんでももっていらっしゃい」という感じで実に楽しそうだった。そして日常でも背筋がしゃんと伸びて、すっきりとした立居振舞が大きな魅力になっていた。生活の端々にいたるまで、自然をぜいたくに身にまといながら、けっして華美になることはなかった。

白洲さんは、着物の伝統を現代につなぐため、すぐれた染織・織物作家を発掘し、世に送り出すことに勇気をもってとりくみ、大きな努力を払われた。私の服の原点のひとつにも、着物と布地の美しさへの共鳴があり、「こうげい」でたくさんの美しいものを見せてもらった

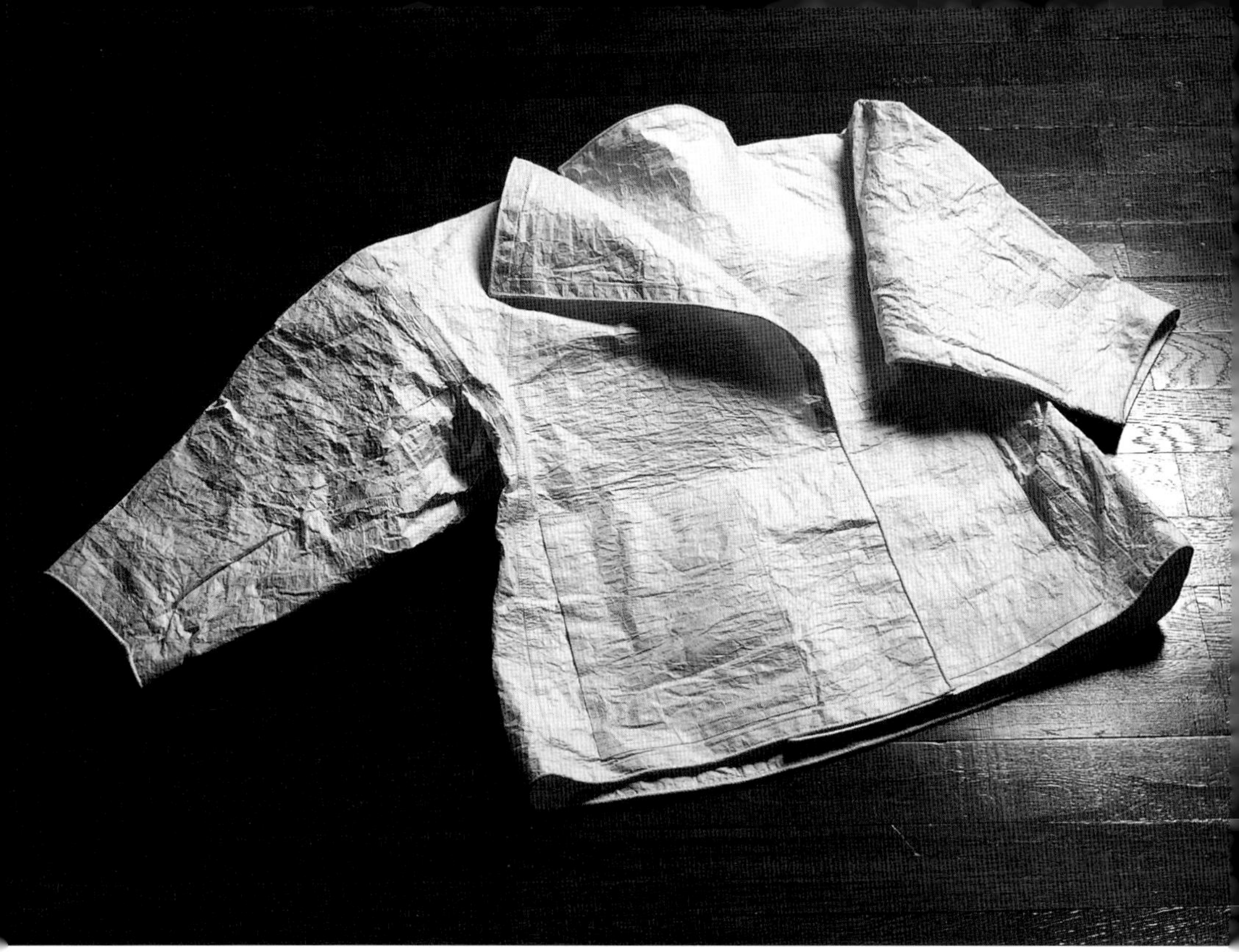

三宅一生デザインの紙子のジャケット[上]を着る白洲さん[右頁]
ISSEY MIYAKE PERMANENTE 1988 SPRING/SUMMER

ことも大きな糧となっている。

神戸から北へ、三田の里に「心月院」というお寺がある。そこに、親しくさせていただいた白洲次郎さん（御夫君）と、正子さんの名を刻んだ墓碑が立っている。生前のお二人が考案された、見ていると自然とうれしくなるような墓碑だ。野草にかこまれた、広々としたのどかな中に、桜の木が二本ぽんと植えてある。昨年（一九九八年）の夏、次郎さんのお墓参りに、どしゃぶりの雨の中を訪ねたのだが、そのことを後から人づてに知った正子さんは、「こっちの生き仏のほうに服でも見せにもってらっしゃい」、と笑っていたと聞く。

来年の春、桜の咲くころにお酒をもってぜひ再訪したいと思っている。お二人を前に、そのあたたかい友情に感謝しながら、酒を酌み交わしたいのである。

武相荘の庭

福住豊

私が白洲正子先生のお宅にお邪魔するようになったのは今から二十二年前のことです。

白洲先生がある骨董屋で囲炉裏に使っていた石をお買いになったのですが、運び出すことができず、その運搬を頼まれたのが白洲先生とお会いした最初です。

それからもう一つ天平の伽藍石も運びました。その折どこに据えるのか尋ねたところ、先生は「玄関前に据えて」といわれました。しかし石の厚みと形状からするとどう見ても玄関前には不釣り合いでした。

そのため、生意気にも「もう少し奥のほうが似合いますよ」といってしまったのです。すると先生が「いいのよ、私はここから見たいから」といわれ、「それでしたら分かりました」といって据えました。

その直後でした。実際に眺めてシックリこなかったのでしょう。「あなたの思ったところに据えてみなさい」といわれ、掘り起こして二メートルほど動かして、向きも少し変えて自分なりに据えたところシックリと納まり、今度は先生も納得されました。

それ以来「私の家にあなたはいつきてもいいわよ」といっていただき、出入りが自由にできるようになったわけです。

本当に伽藍石一石を据えただけなのですが、それがきっかけで先生を尋ねることができるようになりました。先生は職人を大切に考えていらっしゃったので、それで私のような者にもお声を掛けてくださったのかもしれません。

二十二歳で独立して四年目のときでした。

初めて訪ねたころから現在まで武相荘の姿はほとんど変わっていません。先生はこの場所にはつくられた庭は似合わないとよくおっしゃっていたからです。

今でも覚えているのですが、最初にこの庭を見たとき草と木が植わっているだけで「これは達人の庭だな」と思いました。木や草は無造作に植わっているのですが、そこには雰囲気がありました。

庭にある燈籠や石塔、あるいは石仏などは先生が購入なさった時のままの場所にあります。ただし石仏などはそのまま置いてありますと見栄えもしませんし、草花が生えてくると隠れてしまうため、台石は私が入れたもので、先生にも「ちょうどいいじゃないの」といっていただきました。

庭にはシャガやホトトギス、雑木林にはキンランやエビネなど多くの花々が咲きます。それを先生は一輪ずつ摘んで来てはご自分の気に入った器に、気に入ったところに活けていらっしゃいました。

また、正月になるとカンボタンを届けてくださる方がいらっしゃいました、それも花を一輪だけ。花を食卓に飾り、夜になると外に出していました。カンボタンですから寒さに当てないと長持ちしないためでそれだけ花を大事になさっていました。

　その反面、先生はお茶を飲みながら突然「福住さん、あの木はどけてちょうだい。ハナミズキは見飽きたし要らないから紅梅に変えて」と、そんなところもありました。

　そのころの庭仕事というと、竹藪や周囲の整理、あるいは先生がお好きだったオオヤマレンゲなどを植えたものでした。先生はツバキもお好きでした。

　大壺に、スケールの大きなものを活けたりなさるときには必ず私が呼ばれました。さすがの先生も晩年は体力も無くなりましたから大きな枝などをよく切らされたものでした。

　先生の第一印象というのは〝怖い人〟ということでした。とにかく最初は緊張しましたが、いろいろなお話をしていただくうちにだんだんと楽しくなってきました。

　伺うたび一緒に昼ごはんをいただきました。最初の頃、奮発して五千円のメロンを手土産に持って行ったら、先生、全然感激してくださらないのです。一週間後、道端の露店で私の祖母が好きな無花果を一山二百円で二山買い、先生の家に向かいました。お昼の時たまたま無花果の話になり「私、無花果好きなのよ」とおっしゃったので「道端で買ったものですが」と一山差し上げたんです。そしたらまあ、ウソみたいな喜びよう。私の五千円のメロンは何だったんでしょう。先生は金額などはまったく関係なく、純粋に好きなものは好きと、ご自分の感情をストレートに出される方だと感じました。

　先生は、ものをつくること、作者という立場の人たちに関してはとても手厳しかったです。私も、それこそ四六時中怒られていました。

　私は食卓のテーブルから屋根の葺き替えや先生ご夫妻のお墓まで、庭そのものよりもいろいろな雑用を任かされていたようなものでしたが、どれ一つ取ってもとても勉強になりました。ものづくりについての考え方や精神面のことまで、現在あるのも先生のお陰だと常々思っています。

　先生は食べるということに非常に固執している方でした。なぜ食べるということが大事か。骨董品を見たとき、〝いい味してる〟といいます。それは味覚に通じているからで、味覚が分からない人は何をやってもだめだといわれました。「身銭を切って飯を食え」ともいわれました。これまで食べたことのないものが出たりしたとき「これは美味しいものですね」というと、先生は「食べたことないの、だめよそんなことでは」と、そして「自分で食べてそれが美味しいか、美味しくないかそれが判断できなければ、いい庭はつくれないわよ」とよくいわれました。

　食べることについて先生の一番の思い出といえば、たった一枚の鯵の開きを焼くのにお手伝いさんがわざわざ小さな七輪を用意して炭火で焼いていたことです。それを見たとき食べることにこれほどまでの拘りをお持ちなのだと感じましたし、同時に何て贅沢なことをする方なのだと思いました。

出先で「何を食べようか、何がいいかな」と、その旺盛な食欲には若い私も付いていけないほどで、一回の食事でもそれこそ一期一会という言葉通りでした。

昼食に部屋に上がるときなど先生は常に「足袋は脱がなくていいわよ」といってくださいました。足袋は職人のものですし、そういった気質も大事になさっていました。

ご一緒させていただくときは私が運転手でしたが、後ろの座席が嫌いで、必ず助手席にお坐りになったところにも常に何かを求めていらっしゃる先生のお人柄を感じました。

先生はお出掛けになるときにはよく部屋の中から靴を履いていました。茅葺きの家に住んでいるから日本的かと思うと、まったく違いますし、ご自宅にいるときにはそれこそ農家の人に融け込んでしまいますが、いざ出掛けるとなるとまるで別人のようにそんなことは微塵も感じさせないところが、先生らしさといえるのかもしれません。

武相荘としてオープンするにあたって、石を敷きこむなど、少々入れたものがありますが、かつての姿をご存知の方でもほとんど分からないのではないでしょうか。

先生は花がお好きでしたから庭には四季折々に咲く花々があります。来られた人たちが、竹藪の奥にまではいってしまうので、やりたくはなかったのですが竹で柵をつくるようにしました。私は先生に「そんなことをしてはだめよ」と叱られているのではないかと思っています。

山（雑木林）の下刈りなどは今でも地元の方にやっていただいています。刈ったものはそのままにしてその上にクヌギやナラの葉が降り積もり、その風情は大変美しいものです。

雑木林に生えているのはアズマネザサですから、ほうっておくと三メートル以上になってしまうため毎年刈っていますが、春刈るとコウヤボウキなども刈ってしまうことになるため十一月の初めにやっていただいています。ここの庭はもともと野原でしたから、草を抜くのではなくて、刈っているのです。

かつては表通りから大きな樹木が茂っている砂利の田舎道を歩いていくと先生のお宅があり、とてもいい雰囲気だったのですが、残念ながらその入口部分の雑木林が切られ、しかも住宅が建ち並んでしまい残念なことです。それらが庭から見えないようにさまざまな工夫をこらしています。

元々は門は無かったのです。あるとき人の声がするので雨戸を開けたら庭でゴザを敷いてお弁当を食べている人たちがいた、とのこと。驚き、先生が「ここは私の庭なのですが」というと、その人たちは「え、そうなのですか、道ではないのですか」と、このようなことがあったために建てたものです。考えてみるとそれだけ先生ご夫妻はここの環境に融け込

［86〜87頁］散るにまかされた落ち葉にわびすけの白い花が美しい

んでいたということでしょう。

先生は葉など落ちたとき、そのままにして眺めて、それこそ落ち葉一枚にも感動なさっていました。夕方になるとそれを掃いて次の朝にまた違った落ち葉を眺めるのがお好きでした。ですから現在でもそのような雰囲気にしたいのですが……。

あるとき私は先生に「庭師や大工、左官などの文化はこのままの状態だと無くなってしまうのではないかと思うのですが」と尋ねたことがありました。

生活様式がどんどん変わって建築も洋風になっているし、本物の施主がいなくなり、それによって職人の技術、昔のよき文化が無くなってしまうのではないかと思ったのです。

すると先生は「人間、特に日本人とはそんなに馬鹿ではないから大丈夫よ、日本人の血というものはそんなものではないのよ」とおっしゃっていました。当時はその意味が分かりませんでしたが、最近になってやっとその意味が分かってきたような気がします。

今後もこの庭は先生がいらしたころの雰囲気のまま、先生のご遺志を継いでしっかりと守り続けたいと思っています。

心をいやすツバキの花

仲村訥郎

私は現在八十二歳になりますが、生まれたころからこの付近の飯盛神社などにはツバキがたくさんありました。そして軍隊にいたころ病院で療養していたとき、庭にあったヤブツバキの大木が付けた花がとても美しく、花をスケッチしたりしているうちにツバキの魅力に引き込まれてしまい現在に至っているわけです。

私が白洲さんにお会いしたのは昭和三十七年でしたので、今から四十年ほど前のことになります。白洲さんは特にツバキの花がお好きでしたので、私が栽培しているツバキに興味を持たれたのです。

当時のこの周辺の家は、敷地の回りにカシの木を植えて季節風から茅葺きの屋根を守っており、白洲さんのお宅も当時は竹藪と防風林に囲まれたもので、庭というより自然のままにその風情を楽しんでいたようでした。

住んでいた家はもともと農家で、ただ家の中を改造して床暖房にしたり、押し入れを飾り棚にするなど、白洲さん独特の感性が現れていたと思います。

この付近の地形は、まさに多摩丘陵の特徴を見ることができる地域です。なだらかな丘陵が平地へと移り変わるところ

書斎から眼をあげたところにユキツバキが植えられている

で、それを丘陵の〝尾〟と呼び、その間に田圃があるといったものです。ですから白洲さんのことを地元の人たちは「裏谷戸の白洲さん」と親しげに呼んでいましたし、白洲さんもそれを喜んでいたようで、ご主人の次郎さんは仕事で東京に車で行かれるときには、田畑で働いている人たちにも挨拶しながら運転していました。

次郎さんは若いころから外国での生活が長く、この地に移った一つの要因にはイギリスでのジェントルマンの生活を真似たところもあったのではないかと思います。

庭にあるツバキはそのほとんどが私が入れたものです。特に書斎から見えるユキツバキは白洲さんの特注で植えました。これは文筆活動で疲れたときに花を見て心を休めたいということででした。

私はたくさんある花の中でもツバキの右に出るものはないと思っています。ツバキは日本を代表する花で、白洲さんも日本の文化や美を追究なさっていましたので、相通じるものがあったのだと思いますし、私もツバキに関してはとことん追究していますから親しくしていただいたのかも知れません。

白洲さんはいいもの、本物を求めていた方なので、よく「これはだめよ」といっておられ、それは何に対してでも、ご自分で感じられたことをストレートに言葉にしていたところがありました。陶芸など人が関わると、人間臭さがあると手厳しかったのですが、ツバキの知識に関して私はだれにも負けないと思っていますから、「綺麗な花はいいわね」とよくいっていただきました。

私はツバキが好きですし大事にしています。白洲さんも茶花として自由に活けられたりして花を楽しんでおられました。ですから、皆様にもツバキに限らず花に対する思いといったものを今後も大事にしていただきたいし、その思いがあるからこそ訪れる人たちも花の美しさに感動するのだと思います。

一番の思い出といえば、白洲さんは秩父宮妃殿下とは旧友で、秩父宮様もツバキが大変お好きなので、御屋敷を新築されたとき、その記念として白洲さんがツバキを贈られたことがありました。白洲さんとご一緒にそのツバキを届けることとなり、それも私のトラックで秩父宮様の御屋敷の車寄せまで直接持って行ったことです。

執筆なさっているときの気分転換、そんなときには私のところにいらして、ツバキの話をよくしたもので、気さくにいろいろなことを語っていました。白洲さんは、私ら庶民と話すことがお好きでしたので、そのお顔が今でも忘れられません。［談］

第二部

骨董店にて

撮影　野中昭夫

［左］生前の白洲さんにお見せしたかった《明恵上人消息》を前に語る東京「吉平美術店」主人、瀬津吉平氏。
［下］親交厚かった東京「壺中居」社長、宮島格三氏。白洲さんはこの老舗に小林秀雄や青山二郎らと頻繁に通った。

［右］京都訪問の際に必ず立ち寄った骨董店「柳孝」主人、柳孝氏。1960年の開店当初からこの店を贔屓にしていた。
［上］最晩年、たった2度だけ訪れた東京「古道具坂田」の坂田和實氏。珍品の奈良時代の土管をここで買い求めた。

骨董からエネルギーを吸い尽くす

柳孝

京都の縄手通りに骨董店を構えるようになって、四十年近くが経ちました。時の流れは早いものです。川端康成先生にお書きいただいた店の看板の「柳」の字も、小林秀雄先生からいただいた表札の文字もだいぶ年期が入ってきました。このお二人を私にご紹介下さったのが白洲先生でした。といっても先生にご紹介いただいた方は、このお二人ばかりではありません。今日出海先生、里見弴先生、河上徹太郎先生、近年では多田富雄先生や仲畑貴志さんなどなど、多くの方々が先生を通じて私の店を訪ねて下さいました。白洲先生ご贔屓の店だということで信用していただくことができたのでしょう。

私と白洲先生とのお付き合いは、昭和三十五年(一九六〇)、二十二歳で開いた店の歴史とほとんど同時に始まりました。骨董の目利きとして知る人ぞ知る星野武雄さんとご一緒にお見えになったのです。星野さんはただ、「骨董の好きな白洲正子さん」とだけ紹介されました。星野さんと白洲先生とは互いの共通の友人や骨董を通じ、古くからお付き合いをされていらして、その関係で私の店にお連れ下さったのでした。

開店当時の私の店は、間口も狭く、猫の額ほどのささやかなもので、もちろん番頭も小僧もいません。仕入れも接客も配達も何もかも、たった一人でこなしていました。大店でもない、そんな私のところで白洲先生に最初にお買い上げいただいたのは、たしか古伊万里の食器だったと思います。店を閉めてから先生がお泊りの宿まで自転車でお届けしたのですが、どちらがお客なのかわからないほど、実に自然に接して下さったのが印象的でした。ふつうはものをお買いになると、さも自分は客だという態度が出たりするものですが、先生はそんなお顔を微塵もなさらない方でした。私が結婚した時も、洒落たセーターをわざわざお祝いにいただきまして、このセーターは今でも大切にとってあります。こうしたお心遣いはお亡くなりになるまで、変わることがありませんでした。

先生はたびたび京都においでになりましたが、時間に都合をつけて、必ず私の店にお立ち寄り下さったものです。お歳を召すと、骨董が好きでも自ら買い求めるだけの意欲が減る方が多いなかで、先生は最後まで「見たい、買いたい」というお気持ちをお持ちでした。京都に来られた時はもちろん、鶴川のご自宅からでも、お電話で「何か私が好きそうなものない?　面白いもの入った?」と尋ねられることがしばしばでした。

先生には確固たる美意識がおありでしたから、たとえ世の中の評価が高かろうとも、ご自身のお好きでないものには手をかけない。いわゆる「名品主義」ではない方でした。例えばどこに出しても恥ずかしくないほどの、美術館クラスの優品が入ったとします。そういったものをお見せすると「たしかに良いものだけれど、私はいらないわ」とお断りになりました。これが、お好きなものの場合なら即断即決、「いただくわ！」の一言です。ちょっと考えさせてとはおっしゃらない。値段を聞いてから決めるようなことも、決してなさいませんでした。とはいえ、少々値の張りそうなものの場合は「柳さん、これ、私に買えそう？」と、お尋ねになったものです（笑）。

白洲先生は、隙のないものや線の細いものより、むしろ肩の張らない、どこかフッと抜けたような、ざんぐりした味のものがお好きでした。模様でいえばシンプルな幾何学的デザインのもの、絵付でいえば落書き風の無造作な、あばれたような線のものがお好みで、一方、あでやかな絵付や、土のものでもわざとらしい歪みや、人の手がかかりすぎたものはお嫌いでした。そういえば最晩年、先生がお求め下さったものの中にシンプルでモダンなデザインのやきものがございました。平戸焼の縦縞の入った染付の桶形花入と、同心円が描かれた伊万里の鉢でした。いずれも洒落ていて、しかも力強く、先生のお好みがよくわかります。

ところで、たとえ好きで買ったものでも、手元に置いているうちに、そこから発散するエネルギーを吸い尽くしてしまい、飽きがくるものです。白洲先生の場合も、お買い上げいただいたものを堪能し尽くしたら、それを売ってまた別のものをお買いになるということは、時々ございました。例えば先生がうちの店でお求めいただいた李朝の白磁の壺がございます。気に入ったものを手に入れたら、それでもう気が済む方が多いのですが、先生はそうではなかった。実はそれまでにも先生はいくつか李朝の白磁を私の店からお買い上げ下さっていました。加えて、先生はほかの店からも買っておられた。なぜそんなに李朝の壺を買われたかといえば、壺によって口造り、器の丸み、味のつき具合、姿形がひと通りではないのです。で、先生は、手に入れた壺を、日々じっくりとご覧になったり、触れたり、壺に花をお活けになったりすることで、その良さを吸収してしまわれるのでしょう。すると、また別の壺に違う良さを見出す、そんなことだったのだと思います。そう考えますと、先生のお手元に長い間あって、最後まで残ったものは、もの自体が凄いエネルギーを持っていたといえましょう。信楽大壺、志野輪花盃、唐津のぐい呑みなど、たしかにいずれも味わい深い素晴らしいものでした。

身近に置いて使えるかどうかという点も、お求めになる基準のひとつでした。美術品はお蔵にしまっておくものではない。掛けて楽しむ、置いて楽しむ、使って楽しむものでなければ……蔵にしまっ

シンプルで強いデザインが好き。《伊万里染付同心円文鉢》（江戸時代中期　径22・5）。撮影＝藤森武

ておくくらいならいらないわ、ときっぱりしたものでした。多かれ少なかれ、骨董を求める方は、値が上がるだろうとか、子供に残したいとか、財産としての価値をお考えになるものですが、白洲先生にはそういう発想が一切おありではなかった。自分が好きだから、使ってみたいから買うというその姿勢はご生涯を通して同じでした。

長いお付き合いの中で、たくさんのことをお教えいただきました。私に子供ができた時、先生はこんなことを言われました。「柳さん、子供にはね、コノワタやカラスミのような大人の酒の肴でも、子供が食べて美味しいと言ったら、大いに食べさせなさい」。子供が食べるもんじゃない、と欲しがっても叱るのがふつうですが、それを言ったら絶対にダメだというのです。以来、私は子供に「これは食べたらいかん」と言ったこと、ありません。結局、美味しいから美味しいと言う子供の素直な感じ方を大切にすることは、美しいものを素直に美しいと感じることにも通じるのではないでしょうか。骨董でも、まず自分が美しい、好きだと感じるのが一番。ですから私は良いものに出会った時、これをどこに納めるかなどと考えるよりも、自分の好きだという気持ちに従って手に入れることを心がけています。

その意味で、私にとって白洲先生は骨董屋とお客様という関係以上の、まさにあらゆる面で私の原点から今日までをずっと見守り、お教え下さった大切な方でした。［談］

白洲さんが銘をつけた《李朝白磁壺　銘・風花》（李朝中期　高30.0）に自ら花を生ける。この壺は1994年、柳氏の店で手に入れた1点。撮影＝松藤庄平。

柳さんご夫妻の花

白洲正子

古美術商の柳孝さん定子《さだこ》さんご夫妻とは、かれこれ三十年前からのつき合いである。お店は最初から京都の縄手通りの近辺にあった。昔は東京でも日本橋の中通りに骨董屋さんが集まっていたが、戦後は分散してしまった上、街が広くなりすぎて、ちょっと散歩がてらに骨董の店をひやかしてみるというわけには行かなくなった。その点、京都は戦災に侵されていないため、縄手通りに近い所に軒なみあるので都合がいい。食事に出た帰りには、必ずその辺を歩いてみるのが習慣になっている。

まだ二十代頃の柳さんの店は、その中では小さいほうだった。やっと四、五人座れる程度だったであろう。番頭さんも小僧さんもいなくて、自分でお茶をいれて下さったのを憶い出す。何しろ一人で商売をしていたのだから、夜分になって店を閉めると、自転車に乗って私の宿まで買ったものを届けに来た。一日中働いた上、お使いまでするのだから大変だったに違いない。

その頃の柳さんは見るからに精悍《せいかん》で、鋭い目をして走りまわっていた。店にはいつも面白いものが置いてあり、小さいながらはやっていたのは彼の努力の賜物であろう。私は取材のために毎月のように京都へ通っていたが、やがて弟子も二、三人かかえるようになり、二人の息子さんも立派に成長された。

そうしたある日のこと、雪が降ったので遠出を見合わせていると、柳さんから雪見に行かないか、と電話がかかって来た。私はちょっと驚いた。あの商売熱心な人が雪見に誘うとは……。遊び好きの私は二つ返事でついて行ったが、改めて顔を眺めてみると昔とは違ってすっかり穏やかになり、物腰にもゆったりした余裕が感じられる。わずかの年月の間に人間はこんなにも変わるものかと、そっちのほうに気を取られて、どこへ行ったか、どんな車でドライブをしたか、さっぱり憶い出せない。憶い出すのはただ愉しかったことだけである。

柳さんは今や押しも押されぬ天下の美術商になったが、私どもに関するかぎり昔どおりの愛すべき青年である。そういえば、去年（平成八年・一九九六年）の春私が肺炎で死にかけた時なぞは、わざわざ京都から私の好きな山草を両手にかかえて病院まで見舞いに来て下さり、どっちを向いてもコンクリートだらけの東京の病院生活にどれほど潤いを与えて下さったかわからない。そのくせ私はといえば、柳さんにとってけっしていい客ではなく、いつも無理ばかりいって困らせているのである。

そういうところが日本の骨董屋さんは面白い。もちろん人によってであるが、気が合えば友達づき合いができるからである。そして私個人のことをいえば、若い時からの友人が、目に見えて成功して行くほどうれしいことはないのである。

今のお店も縄手通りにあるが、三、四へんは引っ越したであろうか。その度ごとに店構えが変わり、――といっても目立つほどはでではなく、落ち着いたたたずまいで、居心地がいいので何時間もただダベッテすごすこともあった。

ショーウィンドーにも、座敷にも、いつ行ってみても必ず美しい花が活けてある。それも今流行の洋蘭などではなく、そうかといって昔どおりの床《とこ》の間《ま》飾りでは映えないため、奥さんの定子さんが勝手に活けているのだという。その花も花屋で買うのではなくて、柳さんの山荘で摘んでくるのだから新鮮なことこの上もない。「何々流」と呼ばれるほどの堅苦しさはなく、極めて自由に、時には奔放に、自在に花を活かしているのが見事だと思う。

（後略）

（『古器と花　京の四季を生ける』一九九七年
主婦の友社）

柳定子さんの花　千両　蠟梅　椿（香紫・白玉）。
器は後に白洲さんが手に入れた《平戸焼染付縞文手桶形花入》。掛物は本阿弥光悦消息（正月七日付）

古道具屋に舞い降りた「天上の人」

坂田和實

白洲正子さんの「芸術新潮」特集号に何か文章を書かないかと言われたのは、連載中の記事の打ち合わせも無事終了して、近くの気のおけない小さな洋食屋で編集者と食事中の時のこと。この姉弟2人でやっている店は、味が良くて値段が安い上に、客への対応も、店の装飾も気取りがなくて落ちつける。こちらは丁度ひと仕事終えたところで、気分も場所も、又たまたまこの日は懐も良し、旨い肴で酒をグイグイやっている時。「何ナニ、白洲さんについての原稿？　アイヨ、大丈夫、大丈夫！」なんてつい軽口をたたきながら、気楽に受けてしまった。

翌日、酔いが醒め、いつもの事ながら自分の軽率さに後悔、後悔、又後悔。白洲さんは骨董界のスーパースター、天上の人。どうして僕みたいな輩がこの人を語れようか。

2週間程経っても編集者から何の連絡もない。やはりあれは酔っての冗談か、僕の錯覚だったのかとホッとひと安心しているところに、ファックスが送られて来た。「願います」。覚悟した。

もし僕に白洲さんについて書く資格があるとすれば、それはきっと白洲さんのお孫さん達2人が時々店に寄ってくれていたことと、白洲さんが骨董にかかわった50年近い生活の中で、その最晩年に2度、店に足を運んで戴いたことによる。ただもうそれだけだ。お好みだった日本の古典芸能の世界では、誰もが型の完成を求め続けた末、名人に達したわずかな人のみが軽々とその型から抜け出し、とらわれない、こだわらない境地に遊ぶという。まさに白洲さんの晩年はその境地、その時に店まで来て戴いたことは、正直言って大変嬉しかった。

さて、僕は古物商、平たく言えば骨董屋。だけどこの言葉の範囲は広くて、「手前どもは骨董屋ではありません。古美術商とお呼び下さい」と注意され、訂正させられる様な立派な格式あるお店から、どこの街にもあるリサイクルショップに近いそれまで、全て同じ骨董屋。白洲さ

「これでカレーライスでも食べるワ」
《デザート用スプーン》(19世紀初期　英国製　銀　長約17)

んが永年通っていらしたのは、その中でも超がつく一級店、僕はと言えば超がつくアウトサイダー店で、リサイクルショップ寄りの姿勢、勝手なものばかり並べて客に毒づいてる店。まさか白洲さんが来ることなんかないだろうと、ズーッと思い込んでいた。

平成10年のある日、「これから京都へ行くけれども、帰りに伺う」との連絡があった。しかし困った。50年間も日本の古美術の心《しん》を見据え続けて来た人に何を見せるのか。高価な立派なものは今までさんざん見て来ただろうし、もちろんこちらもそんなもの持っているはずがない。奥の畳の間を全て片付けて、押入れの中から秘蔵の大安物、商品にならない様なザラザラの木片や、ブリキの缶、土器やボロ布等5～6点を捜し出して並べてみた。ひとつひとつは決して完成度も高くないし自己主張するものではないけれど、あるべき空間のしかるべき位置に配すれば、輝きを増し、見る者に楽しさや暖かさを与えてくれるものばかり。どんな反

「欲しい！」——でも売らなかった朝鮮の棚（李朝・19世紀　高128）両班の家で書棚として用いたもの。店の備品として使っていたため売ることができなかった。

応を示されるか、ただただそれが楽しみで、次の日はいつもより早く店に出かけて待った。今か今かとジリジリしながら待った。が、残念ながら昼過ぎに、「京都旅行で疲れてしまい、病院に入院されたので日を改めたい」という連絡。そして秘蔵の大安物は、その日来た他の連中が喜んで買って行ってしまった。

　次に来店されると連絡があった時は、こちらはもうすっかり気が抜けてしまっていて、構えることなく自然体。当日、御本人が店に入って来るなり備品の朝鮮の棚を見て、「これが欲しい」と言われたのには困惑した。何の衒いもない棚だけど、上に置く物を見事に引き立てて美しく見せてくれるスグレ物。15年前この棚を買った時、その店の主人のお母さんが「この棚を美しいと評価する人はとても眼がイイ人だけど、たいていそういう人

《土管残欠》（天平時代　高47・2）
白洲さんは花器として愛用した。花は
川瀬敏郎氏による大山蓮華。［右頁も］

達は貧乏なのだから」と優しく注意してくれたのを思い出す。せっかく日本一の眼がイイ人で、なおかつ日本一とはいかないまでもそれなりのお金持の方が現われたのに、いつも来る貧乏な連中に「この棚だけは売らずに備品として取っておきます」と公言していた手前売ることが出来ず、あー残念無念。しかし、さすが白洲さん、何ら不平もおっしゃらず、硝子ケースの中からシンプルな英国の銀のスプーンを5本程、手で掬う様にして選ばれて、「これでカレーライスでも食べるワ」と言って帰られた。このスプーン、何んともないものの様だけど、既に200年経っていて、柔らかな感じのする美しいもの。そして実は、この何んともないスプーンは、僕に永年美しさとは何かということを教えてくれたり、考えさせてくれた大先生。

第2回目の時は、押入れから奈良時代の土管を持ち出して奥の畳に寝かせておいた。88歳になられたと聞いていたので、遠くて見にくいかなと心配していたのだが、引き戸を開けて入って来るなり「何それ！　私戴くわヨ」と来た。さわりもしなかったし、値段も聞かれなかったと思う。他人の価値観を通して物を見るわけでないから、判断は速い速い、見事に速い。考え込むことなんかありはしない。好きか嫌いか、単純明快。やはりこの方は天下のヤンチャ娘だ。そして土管は、その日一緒に来た人の車に乗せて、サッサと持って帰られた。

先日久し振りに『白洲正子　私の骨董』という写真集を開いてみた。お持ちになっていた物はもちろんどれもとびきりの一級品だけれど、やはり一番の特徴は、その幅の広さなのだろう。コレクションというものは往々にして、欠落した部分を埋めてゆくことに力が注がれる為、ある種の狭さや硬さを示す場合が多いのだが、彼女の場合は、年を取るに従って選択はより自由に、より深くなり、上手物でも下手でも、古くても新しくても、日本の物でも外国でも、という風に自由自在。そしてこうして集められた物と白洲さんの生活が又絶妙のハーモニーを生んでいる。だが、これは全く僕の独断だが、この方の腹の底には「骨董品なんて只の物ヨ、いつだって捨てられるわヨ」というキッパリした覚悟があったと思う。何故って、永い間全身全霊をつぎ込んで交遊して来た人物達、小林秀雄や青山二郎、それにもちろん夫の白洲次郎といった人々の人間的魅力（魔力）に較べると、骨董品といえども只の物、これらの大人達《たいじん》とは勝負にならない。だからこそ白洲さんの持つ品物は軽やかで明るい。

数日前、白洲家のお孫さん夫妻が息子さん（白洲さんの曾孫）を連れ、母（小林秀雄の娘）、妹と一緒に店に立ち寄られた。ヨチヨチ歩きの曾孫は、数あるタイルの中からオランダ初期色絵のものを指差し、「欲しい」とダダを捏ねている。帰りにビー玉を買ってあげる、という事で話は納まった様だが、やはり白洲さんちの血は濃く、脈々として流れている。

「吉平さん、何かいいものある？」

瀬津吉平

白洲先生にご覧いただきたかったものがひとつあります。それは明恵上人が書いた消息（手紙）の掛物です。

この掛物、骨董商ならば本来はお客様にお買い上げいただくべきものなのですが、じっくりと見ているうちにどうしても自分の手元に置いておきたくなってしまった一点です。もちろん白洲先生も、私がこんなものを持っていたなんてご存じありません。先生が明恵上人のことをとてもお好きで、ご本もお書きになったことは前々から知っていましたが、もしお見せしたら、きっと「それ、いただくわ！」とおっしゃったに違いありませんから。


明恵上人の書は市場にはなかなか出てきませんが、私は十年ほど前にこれを手に入れました。私は一介の骨董屋で、明恵さんがどういう人で何をしたのか、ほとんど知りません。白洲先生のご本も斜めに拝見しただけで、頭の中には入っていないありさまです。ただ職業柄、明恵自筆の書とか、ゆかりのある絵とか彫刻とかを目にする機会がありますので、そうしたモノの部分から明恵さんを見ると、これが実にいい。高山寺には森の中の木の上で座禅を組んでいる明恵上人の有名な肖像画があります。自然と同化したかのような清楚な雰囲気が漂った、いかにもこのお坊さんの人柄を彷彿とさせる素晴らしい絵です。書もそれと同様で、力強い筆遣い、きりっとした趣きがあって、私は大好きなのです。おそらく先生も、明恵さんの人柄が滲み出るような味わい深い書にご興味をお持ちになったのではないかと思います。それでここでは、お見せしなかったせめてものお詫びの気持ちもあって、紹介させていただきました。

　ところで私と白洲先生とは、壺中居さんや京都の柳さんのように、昔から親しくしていただいたというわけではありません。叔父がやっていた瀬津雅陶堂から独立し、自分の店を持つようになってからもう三十七年近くになりますが、先生が頻繁にお出で下さるようになったのはごく最近、亡くなられる前の四、五年のあいだだけでした。かといって先生のことをまったく存じ上げなかったというわけではありません。というのも、ご子息の春正さんが開店以来の私のお得意様だったからです。春正さんは先生に負けず劣らずの骨董好きで、特に酒器の良いものを随分とお求めいただきました。今も

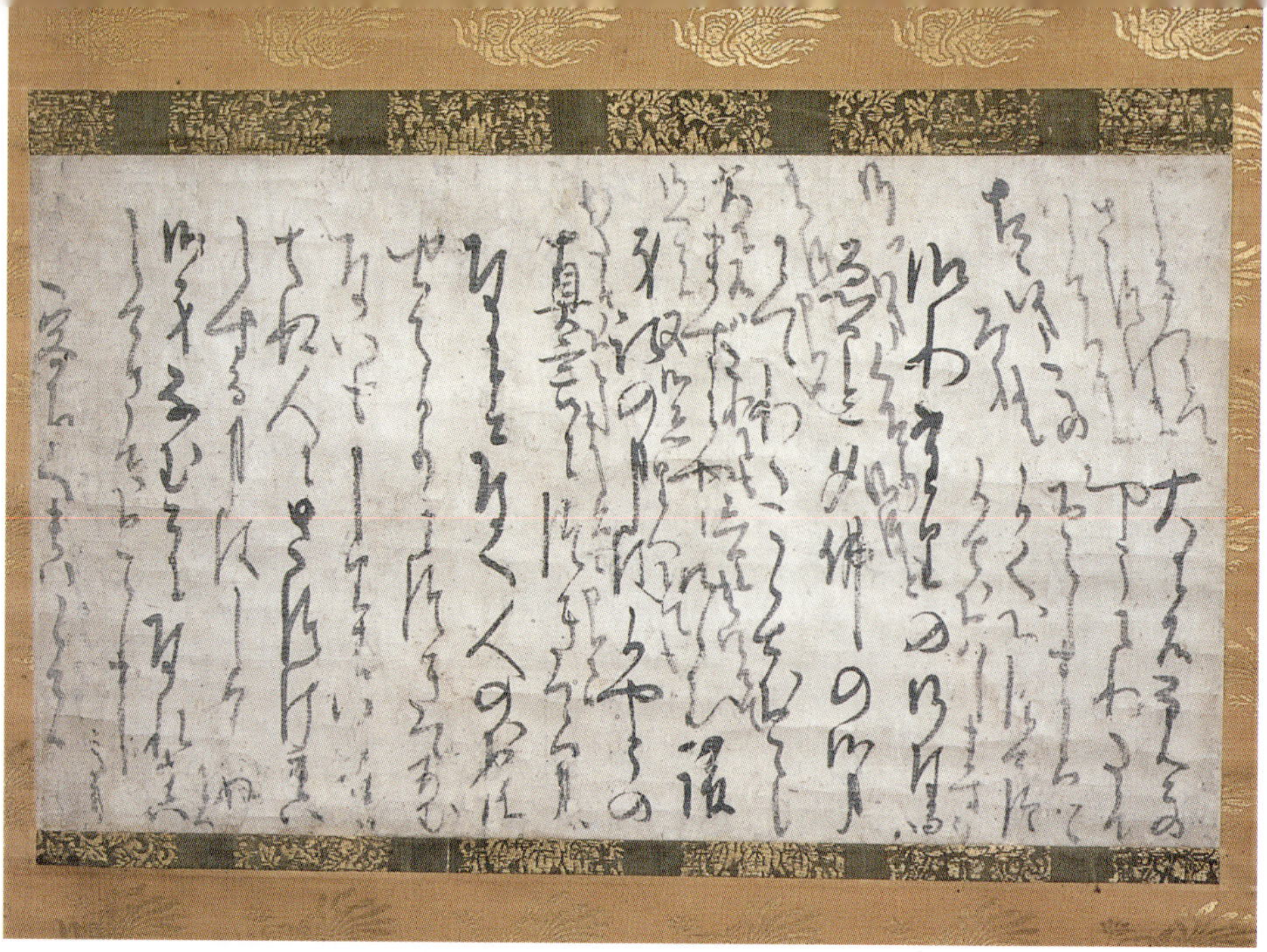

お見せしたかった《明恵上人消息》（鎌倉時代　31・0×54・7）

よくお立ち寄り下さいます。

そういった事情で、先生にはそれ以前から、春正さんを通じて何度かお目にかかったことはありました。初めてお会いしたのは昭和四十五年（一九七〇）頃でしょうか。春正さんと一緒に鶴川のご自宅にお伺いし、夕食を御馳走になりました。先生は六十歳くらいだったと思いますが、その時の印象は強烈でした。とにかくお元気な方で、食事が進むにつれて酔いが回ったのか、着物姿で腕をまくりあげたのです。そして、刷毛目の徳利の色が変化するのを見て、「徳利も酔ってきた。さあ、呑もう！」とおっしゃられた。これには驚きました。ああいう迫力のある女性は、それまでお目にかかったことがありませんから。でも、それがとても自然な感じで、清々しかったのを覚えています。

その頃にお求めいただいた思い出深いものに、鷺を描いた桃山時代の蒔絵の重箱があります。この箱は最初、春正さんにご覧いただいたのですが、ちょっと値が張った品でした。それで「うちの母も好きそうだから、買うかも知れない」とおっしゃられて、先生のお宅へ持っていったのです。春正さんのお言葉の通り、先生も気に入られ、お買い上げいただきました。この箱について先生は何かの本のなかで、鷺の鋭い目つきに、食うか食われるかという戦国の世の中の雰囲気が凝縮されている、といった内容のことをお書きになっていらした。なるほど、上手いことを書かれるなと、その時に思ったものです。

それからだいぶ経って、この鷺の箱のことを春正さんに尋ねると、「ああ、いま

母と息子の骨董関係　《鷺図蒔絵重箱》(部分　桃山時代　高32.2)
この重箱を白洲さんは息子の春正氏に〝売った〞。骨董に関して、彼女は春正氏をまるでライバルのように意識していたという。

僕のところにある」とおっしゃった。なんでも先生が売ると言われたので、それじゃあ俺が買うといったのだとか。お二人は親子でも、こと骨董に関しては、まさにライバルでした。晩年、私のところにお立ち寄りになると、先生は必ず「この頃、息子は何か買ったの?」とお尋ねになりました。春正さんも同じ。血は争えません。

　晩年にお買い上げいただいたものの中では、李朝の絵堅手茶碗が印象に残っています。たっぷりとした品のある感じのもので、先生のお好みとしてはちょっと食い足りないかなとは思ったんですが、まあお持ちしてみようと。そうしたら大変お気に召されたらしく「買うわ」の一言でお買い上げいただきました。先生は、この時のことをある雑誌の青柳恵介さんとの座談会で「こんなの持ってこられちゃ、厭とは言えないわよね」「(私の好みを)見抜かれちゃってるのよ」と話されていて、正直うれしく思いました。

晩年に瀬津さんから買った《絵堅手茶碗》(李朝中期　高9・3)

　思うに、先生の買いっぷりは、その人柄をよくあらわしていたと思います。なよなよせず、実にきっぱりと判断される。そしてそういった気合が、買われたものにも表れていました。とにかく力強くて豪快なものがお好きで、それを実際にどう使えば生きるか、見立てることにも、とてもお上手な方でした。くわえて好奇心旺盛で、亡くなられるまでなかなかの欲望を持って、前へ前へと突き進んでおられました。

　ですから昨年(一九九八)の十二月に日比谷病院へ入院された際も、私はまさかこれが最後だとは思いもしませんでした。これまで何度入院されても、まるで病院をご自分の別宅のような感じで過ごされていましたから、今回もすぐに退院されると思っていました。入院された翌日、お見舞いに伺ったのですが、先生は眠っておられました。私は早々に失礼しました。そして、そのまま目を開けずに逝かれたことを知りました。「吉平さん、何かいいものある?」というお声が今も耳に残っています。[談]

お預けした仏さま

宮島格三

今秋（一九九九）、信楽のMIHO MUSEUMで、「信楽——壺中の天」という古信楽の壺ばかりを集めた大々的な展覧会が開かれ、私も拝見してきましたが、小林秀雄先生はじめ青山二郎さん、魯山人、川端康成先生らが旧蔵された壺がずらりと並び、壮観でした。その中に白洲先生が所蔵されていたものが二点あり、どちらも魅力のある壺で、そのうち一点は、現在アメリカのクリーヴランド美術館の所蔵となっており、もう一点は、最後まで手離さずにお持ちだったものです。

同じ信楽でも、クリーヴランドのものは肩に檜垣文があり、釉薬も流れ、紅色の地肌と表情も、姿も豊かな壺です。一方、先生がお手許に残された広口の壺は、一見無骨で白くかせた地味な肌合いをしています。もし商売になる壺といえば、前者の方が解かりやすく売りやすい、いわゆる一般受けするものかもしれません。勿論好みもありますが、残された壺は、時代も、形も、景色も、古拙で幽玄な趣があって、世の中の評価に惑わされず、確かな目で選択された白洲先生の鑑識に改めて感服してまいりました。

さて、その展覧会「壺中の天」と同じ意味を持つ私どもの壺中居は、大正十三年（一九二四）に広田松繁（号＝不孤斎）が友人の西山保（号＝南天子）とともに開いた骨董店です。先生はこの店を戦前からご存知で、最初は細川の「殿様」（細川護立）のご紹介でお見えになったと聞いています。ただ、その頃はまだ骨董に熱を上げるまでにはなっておられなかったようです。

店に頻繁においで下さるようになったのは戦後になって、不孤斎の甥の広田熙が社長を継いでからでした。当時、財産税や新円の切替えなどで、旧家の由緒ある美術品がどっと市場や骨董店にあふれ、今は博物館や美術館のガラスケース越しにしか見られなくなった名品・逸品の類が実際に売買され、しかも手にすることが出来た時代でした。世の愛好者達はもちろん、先生もそんな骨董の洪水の中を夢中で走っていらしたようです。

私が先生を直接存じ上げたのは昭和三十年頃で、小林秀雄先生や青山二郎さん、梅原龍三郎さんなどの著名な方々と来られ、主人（広田）と一緒に、とても楽しそうに骨董談義を交わしておられました。先輩も五、六人おり、新米の私などには雲の上の方で、とても、まともなお話し相手になれるはずもありません。ただ、お届け物や、お使いでお目にかかった時など、いつも優しいお言葉やお心遣いをいただきました。その当時の私は小柄で学生服に坊主刈りでしたので、先生の目にはよほど頼りなげに映ったのだと思います。晩年、誰かにご紹介下さる時には、きまって「宮島君は昔は、とても可愛い小僧さんだったのよ」といわれて。きまりの悪いことですが、今は髪の薄くなった私の成長を少しは認めて下さっての、お誉めの言葉だったかなと勝手に解釈しております。

さて、そんな私が先生のところに伺うようになったのは、昭和五十年代に入ってからでしょうか。そのかかわりで記憶に残っているものに、原三渓旧蔵の《猿面硯》（須恵の甕の断片を硯に転用）に根来の長角の盆が添えられたものや、天平の木の箱の蓋がございました。天平の箱の蓋は截金や彩色が残り、先生はそれを神像の台として楽しんでいらっしゃいました。他にも竹製の華籠など、いずれも先生の審美眼の高さがわかる品々でしたが、いまは皆手離されております。《猿面硯》は後に買い戻させていただき、今は博物館に納まっております。先生はどんな優品でも雑器のようなものでも、皆身近に置いて楽しまれました。そして、理解され、吸収されると、執着されることなく、また次の新しいものに意欲を燃やされる。その情熱と執念は最後の最後まで旺盛でした。

先生とのかかわりで、色々なエピソードというのは、ほとんど先生と広田との交流の中での事が多く、先生が既にあちこちに書かれています。たとえば、広田が個人で愛蔵していた絵唐津のぐい呑みの話。白洲先生はこのぐい呑みがほしくて、何度も譲ってほしいとおっしゃったのでしたが、広田がなかなか「売りましょう」といわない。それである時、広田が旅行で留守の間に、奥さんに電話して「あのぐい呑み、広田さんが譲るといってくれたから、届けてちょうだい」とおっしゃって届けさせ、手に入れられた話など。その頃は、お客様と商人というより、骨董をめぐっての本当の友情関係があり、とても素晴らしいよき時代だったようですね。

それに近い事で印象に残っていることがあります。東京美術倶楽部で催された何回か前の「東美特別展」でのことですが、図録に北魏石仏を載せた時、先生から電話があり、「あの仏さんいいわね。会が終わったら届けてよ」とのことでした。先生は日本の仏さまや韓国の仏さまにはとてもご興味をお持ちでしたが、まさか中国の仏さまをほしいとおっしゃるのは信じられなく、私は半信半疑で鶴川に伺いました。そして、先生がここに置いてと示された李朝簞笥の上に飾ったところ、

［右頁］旧蔵の《檜垣文大壺》（室町時代　高43・7）　クリーヴランド美術館
京都の骨董店で同時に買った信楽壺2点の内のひとつで後に手離した。
©The Cleveland Museum of Art, 1999, John L.Severance Fund,1973.18

亡くなるまで手離さなかった《信楽大壺》（南北朝時代　高54・0）に白洲さんが生けたハナミズキ。撮影＝飯島徹

居間に心地よく鎮座していた〈石仏坐像〉（和平5年銘＝464　北魏時代　高40・4　撮影＝藤森武）穏やかなお顔が印象的。

［左頁］「土間の石仏――壺中居へ返すこと」娘の牧山桂子さん宛の遺言状。冒頭に壺中居が預けた北魏の石仏のことが書かれていた。

違和感どころか、前からずっとそこに鎮座されていたのではと錯覚する位、うまく調和したのです。しかも今までにない厚みのある荘厳な空間が出現し、先生の美意識の見事さにさすがと感嘆して帰りました。と、ここまでは良かったのですが……。

しばらくして先生から電話があり、「あの仏さん取りに来てよ、どうしてもお金が出来ないのよ。残念だけど、あきらめるわ」と、本当はあきらめ切れないような寂しいお声で話されました。後日、車を持って伺うと、仏さまの両側にいい味の鉄の燭台が置かれ、ローソクの火が灯っていました。仏さまの前には野の花が手向けてあり、ローソクの揺れる火に古式の仏さまのお顔が柔和にほほえんでいらして、お届けした日よりも今日の方がいっそう美しく、包み込まれるような暖かな空間でした。私が躊躇していると、「払えないからいいのよ」とおっしゃいましたが、私にも、この仏さまがいらっしゃらない空間がどんなに侘しいかよく解ります。とてもそんな無情な事は出来ませんでした。「先生、しばらくここに置いていきます」といって、先生のご返事も聞かず帰って来ました。帰ってから主人の広田に事情を報告しましたところ、「先生、元気だったか、ウンそうか、じゃ預けとけよ」と、それだけでした。広田は先生と近年ほとんどお逢いすることはありませんでしたが、やはり二人の間にはどこか心の底でつながっているような、いい雰囲気を感じました。

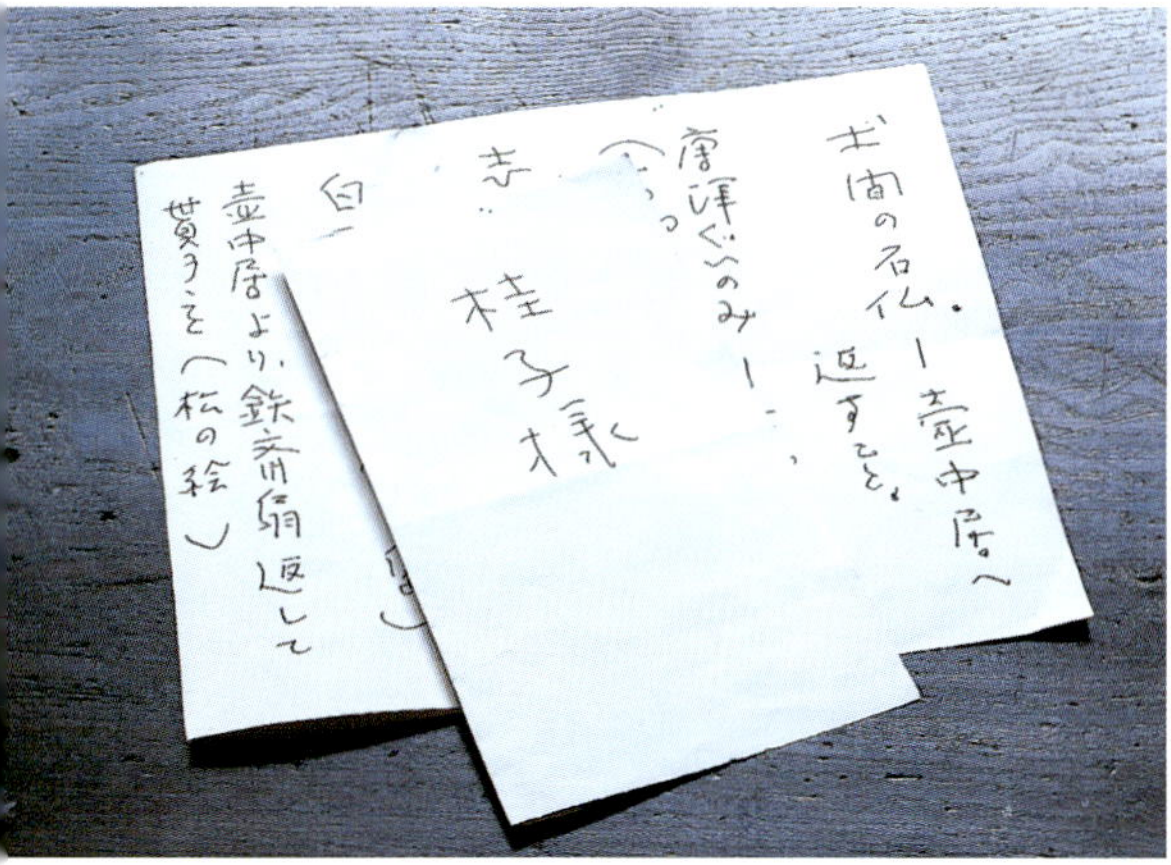

その広田も四年前に逝きました。今頃は、小林秀雄先生、青山二郎さん、広田、そして新入りの白洲先生の四人で、先生が最後に入手され「これで、私はあの人達に勝ったのよ」と自慢されていた粉引の徳利を披露され「どう、いいでしょう」とご満悦で、さぞ賑やかな酒宴が始まっていることと思います。

先生が亡くなられた後で、お嬢様（牧山桂子さん）から伺ったところでは、晩年病気や怪我で入院されるたびに、カレンダーやノートの切れ端に「遺言状」と記し、そこには必ず冒頭に「石仏を壺中居へ返すこと」とあったそうです。他の事はその時々で少し変わったらしいのですが、石仏のことだけは必ず書いてあったと聞きました。そうした遺言状が何通もあるそうです。

今、店に戻った仏さまは先生の居間で見たおだやかなお顔とは違い、寂しそうで居心地の悪そうな、そんなお顔に見えてなりません。［談］

附 清少納言

白洲正子

たとえばあの誰でも知っている香炉峰の雪の話。たとえば何時何所に居ても自分は、どうしても「二三にては死ぬともあらじ。一にてをあらむ」と大見得をきる女としての清少納言。そしてそう云う事が、紫式部をして、「清少納言こそしたり顔にいみじう侍りける人。さばかりさかしだち、真字《まな》書きちらして侍るほどもよく見ればまだいと堪へぬこと多かり。かく人に異ならむと思ひこのめる人は、必ず見劣りし、行末うたてのみはべれば」なんどと言わせもし、又それと同じ理由のもとに、清少納言は才はあるけれど生意気でいやな奴だ、とある人達にきらわれる、其処に円満な源氏物語にくらべて、同じ貴重な文献であるとはいえ、いくらか軽くみられる枕草子の、あらゆる意味での鍵をみつける事が出来ると思います。

勿論大小説であるところの、あのながいながいながい物語と随筆的の枕草子の体重の重さを考えるのは愚かな事であります。それは丁度万葉の長歌と芭蕉の十七文字を前において、どっちがいいかときめる様なもので、それではまるで鉄一貫匁と綿一貫

万年筆で書かれていた「清少納言」論［上］。その原稿の束には表紙が付けられ、きちんと紙こよりで綴じられている。また、白洲さんは枕草子を毛筆でていねいに筆写してもいた。撮影＝野中昭夫

匁とどっちが重いと聞くのと同じ事になります。これは愚問に違いありませんけれど、しかしひっかかり易い愚問でもあります。

その紫式部と清少納言は、同じ時代に同じ宮廷に同じ生活をし、同じく筆のすさびに身をまかせた以上、この二人の女は、自分達の力ではどうにもならない、にっちもさっちも動けない宿命の糸でぎゅうぎゅう結ばれ、永久に彼といえばこれを思わせ、これと言えば彼を思わせる運命にあるのです。で、私もはじめに清少納言の名を書いたとたんに、思わずも紫式部の名を口に出してしまった次第です。

けれど、私は清少納言の事がしゃべりたいんです。この二人の女につかみ合いをさせる趣味は毛頭ありません。今言った様に清少納言というその人だけに興味があるのですから。ではその人の書いて残した枕草子はどんな本でしょう。清少納言を知る為に人はこの草子を読むより他にテはないのですが、そうかと云って特に勉強した事のない私は、正面から堂々とこの本を批評するだけの自信を持ちません。ただ、物いいさがなき女の常として、愉快で面白くて、そして、——何でしたっけ。そうそう、あの芭蕉の、「おもしろうてやがて悲しき鵜飼かな」。あの句は清少納言だけの為に出来たような気がします。私はその様な一人の女のひょうばんがしたいだけなのです。

たとえば自分の好きな人の事を人に聞いて貰いたくってもじもじする、会う人毎に、「あの人こんな事言うの。あんな事も言うの」と言いたくなる、そんな噂さ話の様なものです、これは。清少納言は、「おや、こんな親友を持ったおぼえはない」とあっけにとられるでしょうが、そんな事は私の知った事ではなく、しかも、この私の気持には、それを思いやるだけのヒマと云うものが存在しません。逆に言えば、清少納言は、人にそのちょっとしたヒマをも与えないほど矢つぎ早にスピーディな女でもあります。

勝手に独り合点で清少納言を親友にする事にきめたのは、おもえば、おもえば遠い昔の話で、十二三でもありましたでしょうか。さてそう定めたところで、勿論子供の私には、しょせん枕草子はねむたくて、そして黴くさいものにすぎませんでした。しかしそのほんのりと黴の匂いのする、古い箪笥をあけてみる時の様な何とも知れぬなつかしさを、子供心に古典の上にもとめ、かつ愛していた私は、わからぬままに色々のものがたりをむさぼり読みました。終に、今鏡が、それまで赤の他人であった清少納言の姿を私にはっきり見せてくれました、と書けば、どんな素晴しい発見をこの十二の子がしたのだろう、と思われそうですが、それは実に言うにも足らぬ些細なことで、こう大きく出てしまった以上少々引っ込みのつかないてれ臭さを感じます。

今鏡は、道隆の死、伊周の左遷をひややかに物語り、ついで道長がかわって勢力を得、自然世の人の心は道長の御女中宮彰子の方へながれゆき、中宮定子の上につめたい秋の風が吹きそめ、終に誰一人御うしろみする人もなかった時におよんで、

「かの皇后の宮定子の女房、肥後守元輔と申すがむすめの清少納言とて殊になさけある人に侍りしかば、常にまかりかよひなどして、彼の宮のことも承はりなれ侍りき」

というこのひと言に、ズンと私の胸をうつものがありました。枕草子そのものよりもはるかに、はるかに。

で、その頃私は学習院に通っていたのですが、——おやおや、私は一体誰の事を書いているんです？　自分の事は考えただけでもうんざりします。私は、自分は自分だけでもう持てあましているのですから。しかし、しょせん人は、字の蔭にかくれようと、絵の蔭にかくれようと、お能の面の下にかくれようと、何時でも鬼に見つけられ

てしまうんです。それなら最初から、手ばなしで、何とか原稿用紙のこの四角いとこを埋めてゆくうちに、いつしか四角の外にはみ出すこともあろうかと、それをたのみに、私はその当時の子供にかえって、平気でとんだりはねたり、うれしがったりおこったり、しようとします。——

そしてある日、先生が、「どの古典の作者が一番好きか」と質問したとおぼしめせ。ところは桜咲きみだれる学習院の庭、姫御前達が紫式部の為に白い双手をあげたのは当り前の事です。清少納言と、ダンゼン清少納言と言ったのは実に私一人でした。いじわるな堂上人の姫君は、この明治の新華族の成り上り者をつかまえて、「樺山さんはお転婆だから」といじめます。どうだっていい事が、決して子供にとっては、どうだってよくはありません。しかも、何故好きかと聞かれて、何故と答える事の出来なかった私は、涙が出るほど口惜しかった。そしてこうおもいました、「今に見ていろ」。

そうして、何をかくそう、これが、この今書いている噂さ話が、すなわちソレなのです。あたかも犬が、犬を好きな人を知るように、「この人好き」と思ったその子供の直感は間違いのないたしかな物です。それから十年、二十年。長い外国生活の中でもこの気持は変りもしなければおとろえもしませんでした。その間に私はほんの少しばかりしか大人になって居ませんけれ共、今日、今ここに大きな声で、「この人好き」と言える事に幸福を感じます。

ああ、「清少納言とて殊になさけある人に侍りし」と云う、清少納言とはかぎらずどこでも探せばある様なあまり珍しくもないこのひと言は、既に枕草子を読んでいたにもかかわらず、そこでまだ会う事の出来なかった人に、はじめて会った様な興奮をあたえました。直感的に「これだ!」と思った、その何やら太い線のようなものは、長ずるに及んでまがりなりにも読める様になった枕草子の、はじめから終りまでをひとすじに貫いています。少くとも「私の枕草子」にはそんなものがあるのです。はじめての印象、はじめての経験は、いつも、人の、物の、根本にある一番大切な、そしてどこまでもついて行って離れない大きな力を持っています。いえ、離しちゃならない物と思います。

で、ちょっと此処でふりだしへ戻って、(私のすご六はちょいちょいふりだしへ戻ります。ネンノタメ。) 今、宙に、清少納言をおいて、「これがそうなンです」といくら私がわめいたとて、彼女は其処にぼんやり何となく宙にぶるさがっているだけで何の意味もなしません。何か、ひとつのもの、と云う物は、周囲に他の色々のものがあってこそ存在がはっきりする、と云うより、はじめて存在するのです。というわけで、私はふたたび紫式部をわずらわせたくなります。でありますから、先にお断りした様に、紫式部と清少納言を喧嘩させるつもりはない事をはっきりしておきます。紫式部ばかりでなく、私の貧しい知識は、しぜん色々な人や物にたよるかも知れません。既にその、其他大勢の中には、芭蕉も、今鏡の媼《おうな》も、白洲正子なる者も登場しましたし、それから枕草子も源氏物語も皆その手段である事にかわりはありません。

◆

春は曙。やう／＼しろくなりゆく山ぎはすこしあかりて紫だちたる雲のほそくたなびきたる。夏はよる。月の頃はさらなり、闇もなほ、蛍とびちがひたる。雨などのふるさへをかし。秋は夕ぐれ。夕日はなやかにさして山のはいと近くなりたるに烏のねどころへゆくとて三つ四つ二つなど飛びゆくさへあはれなり。まいて雁などのつらねたるがいとちひさく見ゆるいとをかし。日入りはてて風のおと虫のねなどいとあはれなり。冬はつとめて。雪のふりたるはいふべきにもあらず、霜などのいとしろく又さらでもいと寒きに火などいそぎおこして炭もてわたるもいとつきぐヽし。昼になりてぬるくゆるびもてゆけば炭櫃火桶の火も白き灰がちになりぬるはわろし。

春曙抄と云う名がここから生れた程有名なこの一節を、私は何もここに全部うつすつもりも目的もなかったのでした。けれど、春はあけぼのと書いてゆくうちに、そのなだらかに流れるままに筆がすべって、白き灰がちになりぬるはわろし、と終まで書いてしまって、ほっとその美しい流の外にな げ出される感じ。その感じがいつも枕草子につきまといます。文章の上ばかりでなく。

平安朝時代に歌がよめないと云う事は致命的の事でした。手紙一本書くにしても、あらあらかしこのかわりに歌、物を送るにつけても、そしなのかわりに歌。ましてしじゅう扇で顔をかくしていた女達は、目は口ほどに物を言う、その便利なふたつの道具も使用出来ず、およそ何につけても、歌、歌、歌、の生活でした。

清少納言は歌が下手でした、と自らみとめています。清少納言をかたるには枕草子の他にいくらか歌の残っているのも事実です。しかし成程それ等の歌には止むを得ず読んだと云う様な所がみえて、枕草子の様に、書かずには居られなくて書いたという積極的なものがありません。だからそんな物を取上げても仕方がないのです。清少納言は歌の中ではいいお顔をして「今日は」と言っているにすぎませんので。

しかし清少納言はほんとに歌人ではなかったのでしょうか。こころみに次の歌を読んで、そして、春はあけぼの、と比べてみて下さい。

うまさけ　三輪の山　青丹よし　奈良の
山の　山のまに　い隠るまで　道のくま
い積るまでに　つばらにも　見つつ行か
むを　しばしばも　見さけむ山を　ここ
ろなく　雲の　隠さうべしや

額田女王

勿論ここには、唐美人の様な姿をした一人の大和の女が居ます。突如としてとび出して来たこの大和の女は、大空のもとに胸をはって堂々と立っています。それにひきかえ清少納言は、几帳の蔭で十二ひと重をかさね、ほのかなともし火をたよりに生きています。けれ共私はこの二人を写真にとって、細かに着物や髪の形をしらべ様としているのではありません。私は、――失礼ですが――着物も何もはぎとってしまいたいのです。

と、私の目には額田女王は大股に、清少納言は小きざみに、二人とも同じ景色を見て、並んで歩いてゆく様にみえて仕方がないのです。丁度ヴァーンとひびくオーケストラと、繊細をきわめたヴァイオリンがしばしば同じ様な感じを与えるように。そして二人とも終りにのぞんであたりを圧しています。額田女王は胸をはり空をあおいで、「雲の隠さうべしや」と言い、清少納言は伏し目がちに、「灰がちになりぬるはわろし」と下をむいて。でもこれは、お能を見ながら、「こりゃ聖林寺のかんのん様だな」なんどと思う癖のある私だけかも知れません。

けれども私は、いつまでもこの美しい所でいい気持に遊んでいるわけにはゆきません。春のあけぼのはもう直き夜になるでしょう。こうしてる中に炭も灰がちになるし。

清少納言は歌は下手だった。が、詩人でした。

ひと口に言えば平安朝の歌風は清少納言

ムキではなかったのです。彼女は詩をいだいて、歌ではないほかのものにあこがれました。その詩は、ものがたりのかたちもとりませんでした。単純で、せっかちで、組みあわせたりほどいたり、又組みあわせたりする物語の構成はしち面倒くさくてうるさくて、到底堪えられなかったに違いありません。なおそれ以上に潔癖だったこの人は、どうしても色々の色で彩らなくてはならない物語のいつわりの世界がいやだった。それよりももっと目に見える物をあるがままに筆にうつしたい、と願いました。そして清少納言の詩は、歌でも物語でもない随筆の上に、テキパキと気持よく、見事な花を咲かせました。彼女に歌がよめなかった事は、私達にとってしあわせであります。

平安朝の代表的な歌を思い浮べます。清少納言の身近にもあったに違いない歌です。

浅みどり糸よりかけて白露を玉にもぬける春の柳か　　僧正遍照

いともいとも、あてなるもの、です。坊さんがよんだとは思えない程繊細で巧緻な歌ですが、清少納言はこうもてあそばずにもっと簡単に言ってしまいます。

あてなるもの　薄色に白がさねのかざみ。かりのこ。けづりひのあまづらに入りてあたらしきかなまりに入りたる。すゐさうのずゝ。藤の花。梅の花に雪のふりたる。いみじう美しきちごの覆盆子《いちご》くひたる。

と、こう書いている中に、又しても長歌をおもわせる様な、音楽的な美しさまで感じられる様な気がします。只文章（とは言えないかも知れませんが）がうまいばかりでなく、その色彩まで加えて、の意味で。又その歌の、浅みどり、糸、白露、玉、春、柳と云うものが、この単なるものはづけの聯想の中に、同じ様なあやをつくりながら流れてゆくのを。けれども、

たとしへなきもの　夏と冬と。よると昼と。雨ふると日てると。わかきと老いたると。人の笑ふとはらだつと。黒きと白きと。思ふとにくむと。藍ときはだと。雨と霧と。おなじ人ながらも志うせぬるはまことにあらぬ人とぞ覚ゆるかし。常磐木おほかるところに烏のねて夜中ばかりにいねさがなくおちまろび木づたひてねおびれたる声に鳴きたるこそ昼のみめにはたがひてをかしけれ。

と書かなくては居られない人は、到底ねちねちと掛言葉縁語枕言葉などを長いことこねまわす気にはならなかったでしょう。この文の中でも清少納言は自分を赤裸々にみせる事に躊躇しません。この文ばかりでなく枕草子のどこを見ても彼女は赤ん坊みたいにありのままの姿をみせてくれます。紫式部がその名の通りいかにもいかにもむらさきであるのに、清少納言はこの文にある様な、黒と白の女、です。その頃の流行のむらさきの色をどれ程清少納言がほめたたえようと、彼女は実に、夏と冬と、よると昼と、黒と白の女なのです。大そう多くの意味においてそうなのですから、ここでひと口には言えませんが、おいおいその事を証明出来るかと思いかつ望んでいます。そしてその個性のはっきりと現われる事がそもそも紫式部の眉をひそめさせ、ある人達をよろこばせるもとになるのです。私には清少納言が、「好きかきらいか、さあどっちだどっちだ」としじゅう言っている様に聞えます。そしてもしあなたが嫌いだとしても、清少納言は決して御きげんを取ろうとしてお世辞を言ったりしませんョ。

ちょっと横道にそれますが（何卒、しょっちゅうそれてるくせに、等と茶化さない

で下さい）、この文の終に何気なく書いてある、鳥について、ついでながら言いたい事があります。この烏がねぼけて木から落っこちる、その昼のこにくらしい程図々しい様子とうってかわった（即ちこれ黒と白）かわいらしさ。このかわいらしさは清少納言のかわいらしさでもあるのです。乙にすましている才女が思わずもこういう所で見せるこういうかわいらしさがなかったら、私にとっても清少納言はどんなにいやな奴かわかりません。それも後でどこかで具体的に触れる事があるかも知れません。

　そう云う女が、一点非の打ち処もない様なおおどかで心豊かな中宮様のお気に入りであったと云う事は、たしかに只才はじけて面白おかしい、そしてほんのちょっとかわいい、だけでは決して足りません。其処には今も昔も変らない、ただひとすじのまことがあったのです。筆の上に見つけ様とすれば、それは枕草子が言わば中宮様の頌徳記とも見られる様に、どこにもかしこにも中宮様をたたえ崇める言葉で充満していますけれども、もっと厳しいものがささやかな言葉の中に光をはなっているに相違ありません。しかしそれを几帳の蔭の暗い内に、桜のかさねやら香染めの衣やら濃き紫の何とやらの奥にみつけるのは容易な事ではありません。

　夜も更けました。外は雨。もうねむくなりましたからそれを探し出すのは明日の事にしたいと思います。

◆

田子の浦ゆうちいでてみれば真白にぞふ
じの高嶺に雪は降りける
　　万葉集――山部赤人

の歌を

田子の浦に打出でてみれば白妙の富士の
たかねに雪は降りつつ

　と言わなければ気の済まなかったのが平安朝の人達であります。蕾の様な推古仏が飛鳥の絢爛な花となって咲乱れ、やがて凋落の憂いを帯びた平安末期の仏となる、その過程はいかなる物ものがれる事の出来ないさだめであります。清少納言がうまれたのは、平安時代だけを取上げてみると、真昼とも云うべきもはや其処にはやがておとろえる日を予想させる何物かがありました。かの道長の、「この世をば我が世とぞ思ふ望月の」などと謳ったその気持には、行く処まで行きついたたるみが見え、得意気な顔に何やら淋しい影が感じられます。そのものはやがて鎌倉時代の復古精神となって、やや古えとは違うものの、しかし力強い常磐木の様な形をとって再び我々の前に姿を現す事になるのですが、私に言わせれば清少納言と云う人は少しおそく、或いは又少し早く生れすぎた感があります。それまでの歌日記や物語とは違う反抗的な気分が枕草子を通して感じられるのは私だけでしょうか。

　美しい満月の光の中に身をおく時人は幸福を感じます。そしていつまでもいつまでも其処にじっとしてじっとして居たい気持になります。しかし一度じっとしてしまう時、たとえそれがどんなに幸福な世界であろうと、それはもはや幸福な処ではあり得ません。何故ならば人はどんな場合にも止るという事は実際においてゆるされていないのですから。その出来ない事をしようとする時、人は自分の力にたよろうとします。先にあげた、田子の浦ゆの赤人の何物にもかえ難い程の美しさを平安朝の人達はたしかに知っていた、そしてその美しさを自分達の居る所へ止めておきたい為に自らの力を加え、そうして出来上ったものは、御覧の通りの作り物の富士の山になってしまいました。赤人の身体全体に感じた富士の山の生れたままの美しさを人工的に人の手をもってこねあげてしまった感があります。

時代は人をつくります。しかし時代は人をかえる事は出来ません。着物を着せたり、お白粉をつけさせたり、言葉を話させたり、する事は出来ても、生れた時持っていたものを変える事はしません。清少納言が反抗的と言うのは彼女が決して突拍子もない事をしたと言うのではありません。平安朝の素晴しい文化は彼女に実に好い趣味を教えました。しかしその趣味のよさは周知の事実であって、枕草子は徹頭徹尾趣味の書でもあるのですから、今更ここにくだくだしく例をあげるまでもありますまい。私がしたいのは、時代が教えた物の奥に、清少納言本来の姿を見たいのみであります。

たとえば、春はあけぼの、の文にしても、その美しい自然の景色の中にとけこんで、あまりの居心地のよさにその中に溺れて死んでしまっても差しつかえはないのに、そしてそうする事が平安朝の女にふさわしいと思いますのに、清少納言はくるりと向きを変えて、「昼になりてぬるくゆるびもてゆけば炭櫃火桶の火も白き灰がちになりぬるはわろし」とつっぱなします。

夜なくものすべていづれもいづれもめでたし。ちごどものみぞさしもなき。(三十八段　鳥はの終)

鳥の事を縷々としてのべ来たり、突然として思いは児《ちご》の上に及ぶ、それを脱線とも奔放とも言えば言えましょうが、しかしこの飛躍はこの様な所ばかりでなく、いくらでも例があげられますが、一番なさそうな三十三段の「七月ばかり」にも二六〇段の「十二月廿四日」にさえ捕える事が出来ます。このふたつの有名な文は源氏物語の中にさえ見る事が出来ない程あざやかに美しく描かれていると思いますが、長いので、枕草子の解説は私の役目ではありませんので細かに書くのは止めます。

「七月ばかりいみじく暑ければよろづの所あけながら夜もあかすに月のころは寝起きて見いだすもいとをかし。闇もまたをかし。あり明はたいふもおろかなり」にはじまって、暁のはし近に寝た女のもとに、他の女のもとから帰り道にふと立寄った男。その二人をめぐって霧と露にぬれた朝顔、萩。それに例の美しい薄色、濃き綾、白、二藍、紅、などの色の感覚が新鮮に、そして朝露の様にしっとりと描き出されているのですが、これも例に洩れず終りの一行は、「あまりはしたなき程になれば立ち出でてわがきつる所もかくやと思ひやらるゝもをかしかりぬべし」とくるりと向きをかえて後を見ます。

二六〇段の「十二月廿四日」のクリスマスイーヴの様な一段も、美しい男女を車に乗せ、月の光にくまなく照し出し、ここにも又美しい色目と汚れない雪の白に、新鮮な銀の世界を描いていますが、終りに来ると、「いみじうをかし」と言ってその夢の世界にいつまでも遊ぶ事をふと止め、ひるがえって、「夜ひと夜もありかまほしきにいく所の近くなるもくちをし」と私達を夢からさまします。

しかしこういう処では清少納言自身つつましく平安朝の自然の景色を背景に、色々のかさねの衣の奥にほのかに香っている感がしますが、最もあからさまにその事を見せているのは次の一段などであると思います。

物のあはれ知らせ顔なるもの　鼻たるまもなくかみてものいふ声。まゆぬく。

今も昔も変りのない、そのあわれっぽさ。殊に「まゆぬく」に至っては日本人の私達ばかりでなく、あのおすましのアメリカの映画女優までこの例を洩れません。細い細い眉をみる毎にこの場面を想像しておかしく、そうして何だかあわれになります。

しかし平安朝のあわれとは果してこの様な物でしょうか。あわれについては、今までに多くの古典の学者が様々の研究をかさねて来ました。一々覚えては居ませんが随分くわしくしらべてある様に思われますが、ひとつもこうしたあわれは、今まで読んだものの中には見付からなかった様です。誰も知っている様に特にこの時代のあわれと云えば、しみじみとしたもののあわれを思わせますのに、この一段にはじめてぶつかった時、私はおかしいよりも何よりも先に何だかびっくりしてしまいました。しかし如何にもあわれである事に変りはありません。恰度チャップリンの喜劇のように。ただ、何事においても、やさしく、美しく、はかなくと願った平安朝の女に、この直接であってそれ故にいささかかざり気のなさすぎる言葉を聞くのが珍しかったのです。

あてなるもの、美しきもの、心ゆくもの、等々を書いた清少納言は、又、何も何もちいさきものはいとうつくし、と言いました。にも拘らずその反面にいつも、すさまじきもの、似げなきもの、人にあなずらるるもの、そしてこの物の哀れ知らせ顔なるもの、等がつきまといます。これはどんな美しい場面を描き出していようと、いつも夢に溺れず、其処に止らず、常に身をひるがえす事を忘れない事に共通するものと思います。それは無意識の反省に似た物であります。たとえ清少納言にとっては無意識で、あずかり知らぬ事であったにしろ、私の目には、其処に時代に対する反抗の様な物が感じられるのを如何とも出来ません。

清少納言にはあてなるものもすさまじきものも、心ゆくものもゆかぬものも、めでたきもあさましきも、すべてすべておかしでありました。どんなつまらない物にも興味を持ち、美を見出した彼女にとってすべての物は新しく、あらゆる瞬間をとらえて活かしました。と云う事は、あらゆる瞬間を生きたのです。たとえば「蚤もいとにくし。衣の下にをどりありきてもたぐるやうにするよ」。——このたったこれだけの事ですが何という新鮮な感覚でありましょう。しかも何千年も後、この地球の上からあの小さな悪戯者が姿を消すまで、私達は清少納言と同じこの感を味わわなくてはならないのです。この、にくきもの、を清少納言はまことに「情ある人にて」、殆んど愛しいつくしんでまでいる事を。ほんとにそれは美しくさえあるのです。そしてもし情ある人でなかったなら、こんな蚤一匹ひねりつぶして抹殺してしまったでありましょうに。

殺しちまいたい、などと平安朝の姫君にあられもない事をさえ清少納言は平気で言ってしまいます。同じ、にくきもの、の中に、「忍びてくる人見しりて吠ゆる犬はうちも殺しつべし」とぎりぎり歯ぎしりして言います。勿論しのんで来る男を吠えたのではにくまれても仕方がないんですが。しかしこの言葉の陰に、ひるがえって考えてみると、たしかに「うちも殺しつべし。と思ふも又をかし」と言う言葉がかくされています。そして其処に清少納言がニヤリと笑っているのを私は見ます。

次にあげる一一一段の美しい文章は、又別の意味でそれを証明すると共に、いかに清少納言が変化を愛し、その時々の変化の中に美を見出し、自らその中に生きたかをあます所なく物語ります。ついでに、その美しい自然の中に生きるという事は、決してこの文が屋内から外界をみた事によってさまたげられるものではありません。いくら青空のもとに外の空気を吸っていたってちっとも自然の中に生きた事にはならないように。

九月ばかり夜ひと夜降りあかしたる雨の今朝はやみて朝日の花やかにさしたるに前栽の菊の露こぼるゝばかり濡れかゝりたるもいとをかし。すいがい羅文などのうへにかいたる蜘蛛の巣のこぼれ残りて所々に糸も絶えざまに雨のかゝりたるが白き玉をつらぬきたるさまなるこそいみじうあはれにをかしけれ。すこし日たけぬれば萩などのいとおもげなりつるに露の落つるに枝のうち動きて人も手ふれぬにふと上ざまへあがりたるいみじういとをかしといひたる、こと人の心ちにはつゆをかしからじと思ふこそ又をかしけれ。

萩に露がおりた、日が照って露がおちるままに人がさわりもしないのに萩の枝が動いてふと起きあがる、それが何とも言われず趣があって面白い、と書いたが他の人の心にはちっとも面白いとは思わないであろう、と思うのが又面白い。――この間の消息が先にのべた事を物語ると思いますがいかが。

どこかで読んだ本には、これは自らの感覚に自信を持つ清少納言特有の誇らしさである様に書いてあったのを思い出します。そしてそれは北村透谷が、

わが美しと思ふは人の美しと思ふものにあらず、わが物に感ずるは世界の衆生が感ずる如きにあらず、

と言ったのと好一対だと書いてありましたが、果してこれは清少納言特有の矜持と言われるものでありましょうか。それでは正岡子規の美しい藤の花、

瓶にさす藤の花房みじかければたたみの上にとどかざりけり

この淡白なこと、この純粋なこと、この品のよさなど、すべてこと人の心には、ただ藤の花がさしてあるけど、房が短くて畳の上にとどかないなんて、ナンテつまんない、と思うかも知れない。(と思うも又おかしなんです、清少納言に言わせれば。)そのつまんない短い藤の房に美を感じたのは作者の子規だけではありません。芸術家でも何でもないこの私でさえいかにも美しいと思いますものを。これは作者特有の誇りでもなければ矜持でもありません。そんなこと、当り前の事なのです。そして藤の花は短いゆえに美しいのではありません。藤の花は六尺の長い房も美しく、ただ品のいい紫の色ゆえにも美しく、そしてもしかりに短くても美しい、というのが清少納言であり枕草子であるのです。

そう云う所をとらえた、

ねぶたしと思ひて臥したるに蚊のほそ声になのりて顔のもとに飛びありく。羽風さへ身のほどにあるこそいとにくけれ。(二十四段　にくきもの)

蠅こそにくきもののうちに入れつべけれ。愛敬なくにくきものは人人しう書き出づべきものゝやうにあらねどよろづの物に居、顔などにぬれたる足して居たるなどよ。人の名につきたるはいとうとまし。夏虫いとをかしくらうたげなり。火近うとりよせて物語など見るに草子のうへなどに飛びありくいとをかし。蟻はにくけれどかろびいみじうて水のうへなどをたゞ歩みありくこそをかしけれ。(四十段　虫はの中)

これ等の文はともすれば私に、

草の葉をおつるよりとぶ蛍かな　芭蕉

床に来ていびきに入るやきりぎりす
芭蕉

蜻蛉や取りつきかねし草の上　芭蕉

俳句と散文と、芭蕉と清少納言と、それからその間にある年月を超越した同じものを思わせます。勿論芭蕉と云う人の、心にしみ通る様な深さや、ねりにねった句の持つ安定感を言うのではありません。俳人で言うなら、清少納言はその人には少しも似ていません。私はただ物のつかまえ方を言っているのです。

◆

たしか私は前に清少納言がせっかちだったと言った筈です。だから物語は面倒くさくて書く気がしなかったであろうとも言いました。が実際は清少納言と云う人はちっともせっかちではなく綿密そのものであったのです。性急というのは、彼女が非常に矢つぎ早やに弓を射る事を知っていたという意味です。弓を持ち、矢を取り、体を定めて的を射る、その間の動作が敏捷であるのであって、決していいかげんによく弓をひきしぼりもせずに次々に矢を射たと云うのではありません。けれども清少納言がねらった的は、（又はほんとうにねらいたかった的は）平安朝ラシクなかったのです。

夕べと言えば秋を思い、秋と言えば萩を思い、萩と言えば露を思い、露と言えば白玉を思いうかべる、そう云う事はもはや平安朝の人にとっては自動的になされていました。この一事にしてもすべては行く処まで行きついて個定してしまっているのでした。そうした処にはもうほんとうの意味での「歌」は見つからなくなっています。萩の露は何もこの目で見なくとも、じっとしたままでよめるのでした。もはや死にかけている、ほんとうはもう有りもせぬその様な物を追う事が、清少納言の的ではありませんでした。しかしそういう時代は清少納言の欲する物を与えもしなければ教えもしませんでした。清少納言は仕方なしに最も卒直で単純なかたちである随筆を書き、美しい平安朝を背景に、殿上人と機智を争い、男を男とも思わず、長い春の日も短く思われる程遊びまわりました。しかしそこには何となく我慢した様ないらいらした物がみとめられます。機智も花も男の友達も、みんなほんとの物じゃなく、只々泣くまいとして、美しい物面白い物の蔭に、涙を押えている一人の女。枕草子はその不満のあらわれであると思います。

いみじうしたてて婿取りたるにいと程なく住まぬ婿の、さるべき所などにて舅に逢ひたるいとほしとや思ふらむ。ある人の、いみじう時にあひたる人の婿になりて一月もはか〴〵しうも来で止みにしかばすべていみじう言ひ騒ぎ、乳母などやうの者はまが〳〵しき事どもいふもあるに、そのかへる年の正月に蔵人になりぬ。『あさましうかゝるなからひにいかで』とこそ人は思ひためれ」など言ひあつかふは聞くらむかし。六月に人の八講し給ひし所に人々集まりて聞くに、この蔵人になれる婿の、れうのうへの袴蘇枋がさね黒半臂などいみじうあざやかにて忘れにし人の車のとみの尾に、半臂の緒ひきかけつばかりにて居たりしを、いかに見るらむと車の人々も知りたる限りはいとほしがりしをこと人どもも、「つれなく居たりしものかな」など後にも言ひき。なほ男は、物のいとほしさ、人の思はむことは知らぬなめり。

大騒ぎをして婿に取った人が薄情にも直ぐ来なくなって、皆がひどい人だと思っているのに翌年の正月には出世して、人の羨む蔵人になった。どうしてあんな薄情者がこう出世するのだろうと、世間の人達も蔭口を聞くのを、その人の耳にもきっと聞えたに違いないのに、社交界の人が大勢集った所で、その男はきらびやかな服装をして、捨てた女の車によりかかる様にしていたのを、車の中の女はまあどんな気持で見ていたろう。穴あらば入りたい程の恥しさであっただろうと、そのいきさつを知っている人達は皆いとおしく思って、つれない男だ、等と評した。それにつけても矢張り男と言うものは、と半ば歎息し、半ば憤慨している様な清少納言は又、

よろづのことよりも情あるこそ男はさらなり、女もめでたく覚ゆれ。なげの詞なれどけにくきはくちをしき事なり。せちに心にふかく入らねどいとほしき事を、「いとほし」とも、あはれなるをば「げに如何に思ふらむ」など言ひけるを伝へて聞きたるは、さし向ひて言ふよりもうれし。いかでこの人に思ひ知りけりとも見えにしがななど、常にこそ覚ゆれ。必ず思ふべき人訪ふべき人は、さるべき事なれば取りわかれしもせず。さもあるまじき人の、さしいらへをも心やすくしたるは嬉しきわざなり。いと易き事なれど更にえあらぬ事ぞかし。大かた心よき人のまことにかどあるは男も女もありがたき事なめり。又さる人も多かるべし。

とも言います。そして彼女にとっては、よろずの事よりも、情が大切であるのです。

面と向ってほめられるより蔭でほめられた事を知る方が、清少納言には二倍ほどもうれしいのです。自分を好きだ、と解りきっている人から好い言葉をかけて貰うよりも、左程とは思わない人からよく言われる方がうれしい人でもあります。そして又、大かた心よき人のまことにかどあるは男も女もありがたきこと、と言って、そんな人はたまにしか居ないんだ、とため息をつきます。

そのため息は、もっと他の所にも聞かれます。枕草子の中でもおよそつまらない、殆んど何の為に書いたか解らない様な単なるものはづけの中にも、

里は　逢坂の里。ながめの里。いさめの里。人づまの里。たのめの里。あさ風の里。夕日の里。とほちの里。伏見の里。ながゐの里。つまとりの里。人に取られたるにやあらむ、わが取りたるにやあらむ、いづれもをかし。

まだこの他にも、橋は、川は、瀧は、等々沢山ありますが、この何でもないと見えるこれ等の段にこそ、清少納言の面目が躍如としているのです。実に清少納言にとっては、この世の中の物は何でもかでも珍しく、何もかもその時々に新しく思われました。けれども平安朝の女達は深窓の中にあって、そうそう方々に飛び歩く事は出来ませんでした。まして深山の滝とか、都を遠く離れた里々は、しょせん歌枕の上においてのみしか見る事はかないません。けれ共もし紫式部であったなら、たとえばこの伏見の里について、「いざここにわが世はへなむ菅原や伏見の里の荒れまくもをし」(古今集)の歌だけをもととしても、想像の上に「伏見の里」を長々と描きだす事が出来たでありましょう。しかし清少納言にはそれが出来ませんでした。にも拘らず、まだ見ぬ滝や山や川や里に非常なあこがれを持ち、書かずには居られませんでした。そう云う所に清少納言自らも知らずに洩らしたため息が聞えます。もし私が枕草子を読みながら、——じゃない、その様な人を此処に見ながら、思わずもジイドを思い出しなどしたら、あなたは随分おかしな奴だとお思いになるかも知れません。けれども、『地の糧』の中に彼はこう言います。

浜の真砂は心地よいと読むだけでは私は満足しない。私は素足でそれを感じたいのだ。……先づ感覚をとほして得た知識でなければ私には知識とは無用のものなのだ。

浜の真砂の心地よさを何の苦労もなしに素足で感じた人達は万葉の詩人でありました。かの田子の浦の歌ばかりでなく、直接にあらあらしい感情をそのまま歌ったのには、

相思はぬ人を思ふは大寺の餓鬼のしりへにぬかづく如し

わが背子は物な思ほし事しあらば火にも水にもわれなけなくに

私が何気なしに、清少納言が少しおそくうまれすぎたと言ったのは、実は彼女がもし万葉の時代に生れていたならば、当然この様な歌をうたう事によって、身の内にある不満を爆発させる事が出来たであろうと想像されるからです。しかし一度「秋の夕べの萩の露的」な感情の洗礼を受けた人にとっては、どうふんばってもこの粗野なむき出しの姿を露出する事は出来かねます。もし無理にすると、必ず情けない哀れなますらおぶりになる事受合です。

それから私は、清少納言が少し早く生れすぎたとも言ったと思います。何気なく蒔いたこの小さな種も、いつかはひろわなくてはなりません。これから拾うつもりですが、随分拾いそこねてこぼしたり、散らかしたりするかも知れませんが、あしからず。

◆

平安朝と云えば美しいには大そう美しい、しかしあまりにもたよりない非現実的な、ありもしない幻みたいな世を思わせます。たとえば大鏡に出てくる或る美しい女は、愛する男に氷のかたまりを持たせられ、「ほんとに僕が好きなら、いいと言うまで持ってるンですよ」と言われて、とうとう辛棒づよく手があざになって「誠にかたの黒むまで」持ちつづけました。ところが勝手な男は、「ちょっとの間のつもりだったのに、これじゃあわれさすぎて何だかいやになる」と言ったと言います。平安朝の人達が何よりも好きだった、あわれと云うもの、それさえ過ぎたるは及ばざるが如しでありました。火にも水にもとびこむ女等は、いっそ恐ろしい鬼婆としか思えなかったでありましょう。

その様につきつめた所まで行く我慢づよさよりも、いい加減の所で我慢しておく、その我慢の方が上だったのです。ところが清少納言は、表向きは平安朝の女らしい顔をしていますが、ともすればその範囲からとび出したくなるらしいので困ります。忍ぶ恋路の邪魔する犬を殺してしまいたくなったり、見た所などはどうでもいい、只まことの情ある人がよかったり、すべての人に一に思われなければ、いっそにくまれて終りたい、二流三流どこで我慢するのは死んでもいや、なんどと。潔癖とこの事を先ず言っても構わないと思います。清少納言はこの様に、いい所で止しておくその我慢が出来なかった人であります。

これを紫式部にとってみますと、ただ何事も中庸、悪く言えば生ぬるく、よく言えば、それ故にこそ式部の文章の上にもひょうびょうとした余韻があるのです。そう云う事は源氏を読めば何よりも先ず解る事です。そして源氏に出てくる人達。それからその行動。其等の人達の中には物事をキチンと片づける人は一人も居ません。ひとつ事をするにも、行きつ戻りつ、思案します。ああやればこうだろう、こうすればああなるだろうと、光源氏御自身、たとえば玉鬘一人の居場所をきめるにも、あちらこちらを連れまわし、とうとう自分の物にもしないでどこかの鬚の濃いおじさんにやってしまうナンテ、考え様によっては光源氏はずい分その間美しい玉鬘をもてあそんでおたのしみですし、人が悪くもあります。

たとえば美しい六条御息所にしても、——そう云えば紫式部の筆の冴えはずい分うまくこの人を画いています。ちょっと目にケンのある美人をすぐ思わせるほど——。その御息所のすき通った美しさや、個性のある字や、才が角々しく目立つ様な所が見える為に及第しないのです。紫式部にしたがえば、すべてすき通っているのはいけません。いつも朧月夜にほのかに桜が散るのでなくては。

さて又紫式部日記の中では、「男だとてあまり才のある人はどうしてだかあまり出世はしない」などと人が言うのを聞いては、一と云う文字さえよう書けないみたいな顔がしたくなり、源氏物語などぎょうぎょうしく書いた事さえ恥しく、屏風に書いた字まで読めないふりをした、などと言っています。このひっこみ方はわざとらしくてかわい気もなく、何だかにくらしい程です。源氏を書いたなら書いたと、ありのままの事実を言えばいいのに、一という字だに書けないとは。——けれど私はこの二人に喧嘩させない約束だった、と自分自身に言いきかせなくちゃなりません。まあまあ、落ちついて、落ちついて。

そんな紫式部にとっては、「一にてをあらむ」と正面切って恥しげもなく言う清少納言こそ、世になく浅ましいものに見えたのは無理もありません。一生懸命褒めあげた所で、せいぜい生霊となってとっつく様な六条御息所。少し悪くてあわあわしき女としての軒端荻。ひどくこきおろして清少納言的な女を戯画化したのが、近江君であり、又雨夜の品定めの中に出て来る漢字を書きちらして極熱の草薬を服する女だったり、指に喰いつく女だったりします。

それは物語の中ですからまだしもにしても、紫式部の日記の中では正面きって、「清少納言という人こそしたり顔にいやな人だ。あんなに利巧ぶって漢字などふりまわしているけれどよく見ると足りない事だらけだ。こんなに超然として『私はあんた達とは違うよ』と言う様な変った人は、はじめは珍しくともきっといやになるだろうし、行末も浅ましい事になるにきまっている」とさえ言っています。多分式部は清少納言が見る影もなく落ぶれたのを知っていて書いたのでしょう。けれ共私はいかにも残念です。紫式部ほどの人がこう一図につめたい眼をもってのみ見ずに、御本人仰しゃる様にあらゆる物をもっと円満に公平に見たならば、意地っぱりの清少納言の中に、必ずあたたかい心を見出したに違いなかろうと。又このツンとした清少納言が、どんなに折れやすい弱い人間であるかと言う事を知ったであろうと、その機会のなかった事が私にはいかにも残念でたまりません。ひいては源氏物語に出てくるカリカチュアを、只他の円満な人々の引立役に使うばかりでなく、もっと暖い同情をもって見、その人達をも主役に登場させたならば、更に面白くかつあわれで、深刻味も増したでしょうに。——しかしこれは単なる私個人の趣味にすぎません。

その出しゃばりの清少納言をよく現しているのは、枕草子七十段であります。その時のあらましを書いてみます。

斉信が根もないそら言をまにうけて清少納言の事をけなして「どうしてあんな女を人並に思ってつきあっただろう」等と言うのを聞いてさすがに恥しいとは思ったが、その様な事は本当の事ではないから自然見直して下さる折もあろうと平気ですましていた。どこかで行きあたっても知らん顔でとてもにくらしそうになさるが、こっちもこっちで見向きもしなかった。ところが二月の末頃雨が降って皆ひまでひまで困っている時に、斉信は「さすがに何だか淋しいから清少納言に消息しよう」など仰しゃっていると聞いたが、そんな事はない筈だと済まして居た。ある夜中宮はおやすみになったし、手持不沙汰でいやになった所へお使いが来た。斉信からで、とても見たい気がしたが、急ぎの文でもないから後でゆっくり、と思っていると、矢をついでの返事のさい促。美しい紙にきれいに書いてある文をどきどきしながら見ると、「蘭省の花の時錦帳の下」と書いてあって、「さあつづきは何と何と」としてある。が、どうしよう。「知ってますョ」とばかりに下手な漢字で書くのもあまりに興ざめな、と考えてる間も、使の者が早く早くとせめたてるので、仕方がないから、その紙の奥に、ありあわせの消し炭でもって、「草のいほりをたれかたづねむ」と書いて渡したが、どうしたのか返事も来ない。

さて翌朝、経房の声で「草のいおりは居るか居るか」と大げさに訪れるから、「何でそんなむさ苦しいものが居るでしょう。玉の台と仰しゃるなら御返事もしましょう」と大きく出ると「昨晩は斉信の所で大さわぎさ。斉信は、絶交した清少納言にまだ未練があって、もう一度ためしてみたい、と言ったわけで、早速使いを出したところ、思ったよりも早く帰ってきたので、見ると、例の草のいおり。斉信は、感服のあまり『こんな所でちょろまかして大したどろぼうだ。やっぱり清少納言は捨てがたいナ』と大さわぎをして、その上の句をつけようとするが誰にも思いつかない。仕方がないからせめて皆でこの事を吹聴することにきめた」などといやになる程聞かせた上に、「草のいおり」と仇名をつけた等と言うので、そんなケチな名が一生くっついてまわるのはいやです、などと言っている最中に、則光が又々あらわれて、「おめでとうおめでとう」とまるで自分の事みたいに喜ぶので、「どんな出世をなさったのですか」とからかってやると、「それそれ、ほんとに嬉しい事が昨夜あったで待遠しくて待遠しくて。こんなに肩身のひろい事はなかったンです」と、これこれしかじかと経房の話した事を言い、「ああ、あなたはあの使いを空手で返さないでよかった。もし返事を持たないで帰って来たとしたら、兄キの私も顔が丸つぶれになる所だったのに、一すじ縄ではゆかぬ返事だったので、『それ兄キによく見せろ』と皆さん仰しゃるのが、内心うれしくてたまらなかったが、歌の方面の事なんか解らないといささかてれて言うと、又々人達は『そんな事はどうでもいい。只皆に吹聴しろ、と言ってるのだ』と仰しゃるので、兄キの手前少々くやしかったけれ共、こんなさわぎをされる貴女の事がうれしくてうれしくて。とても少々出世する事位物の数でもない、やれやれよかったよかった」と言うので、胸がどきどきした事であった。この兄妹と言うほど仲のよい事は、お上まで御存じで、則光の事を皆「せうと」と仇名でよんだ。

則光と話をしている中に、内から中宮様のお召しがあった。中宮様仰せらるるには、「お上がお出ましになって仰せになるには、男の人達が皆扇にあの句を書いて持っている」と。その御言葉を聞いて何があんな事をとっさに言わせたのだろうとおかしな気持がした。さてその後は斉信氏も顔などかくさず前の様に御きげんが直ったのでした。

そのあらましを書くつもりで、つい面白くて殆んど全部書いてしまいました。勿論もし私が訳したいのであったなら、こんな乱暴な言葉は使わないつもりですが、今はその目的は更になく、只私が読む様に、ついうかうかと書いてしまったのです。しかし私には枕草子をこの様な自分の言葉にして読むより他、仲よしの清少納言を身近に感ずるわけにはまいりませぬ。そしてこれが面白いのは、今も昔も、同じ事がいわゆる社交界において行われているからです。千年前の日本のと、今の世界各国における社交界には少しのちがいもみとめられません。同じ様に浮草の如くはかないものである事も。

しかしいかに浮草であろうとも、草は草です。ちっとも馬鹿にする理由も必要もみとめません。家事にいそしむ良妻賢母も、私の様に田舎に住んで百姓の真似事をするかたわら、こうしたおしゃべりをするのも、世間をはなれた山寺に行いすますのも、はかない社交界の蝶々となるのも、とりどりにそのかたにつけてよろずのものはいずれもおかし、とは思し召さぬや否や。

この枕草子七十段は私に色々な事を教えます。私は少時此処で遊ぶことに定めます。

まず斉信という人は、若くて才があってきれいで清少納言の趣味を満足させるに足る男で、つまり彼女は彼のファンでした。何でもかでもおかしと感じる清少納言は、当り前の事ですが、見た目にきれいな事も中々好きでした。

説経師は顔よき。つとまもらへたるこそその説く事のたふとさも覚ゆれ。ほか目しつればふと忘るゝに、にくげなるは罪や得らむと覚ゆ。この詞はとゞむべし。少し年などのよろしきほどこそかやうの罪は得がたのことば書きいでけめ、今は罪いとおそろし。（三十段　説経師はの中）

この面クイの御婦人は、しかし何とほほえましい程、あっさりと胸に何も残さずに私達に話しかけるでしょう。妙な気取りもかざり気もなしに、坊さんはきれいなのがいい、けれどこんな事を言うのはよそう。若い時ならとも角少し年マになってからこんな事を言うのは罪を得そうでおそろしい、等と憶面もなく弱さをさらけ出します。けれどその正直な事がつよみでもあります。この一途の正直さゆえに、清少納言程の頭と舌をもって、しかも敵方の道長の友達であったにも拘らず、一生を中宮様に捧げました。うまく社交界を泳ぎまわる事もせずに、只このひとすじのまごころを守り通してどこでどう終ったのか解らないような最期をとげたのです。私はこじつけ様としているのでは決してありません。ほんとに心の底からそう思うのですが、それが読者に伝わらないとしたら、せめは私の筆が負います。

それがつよみである事は、清少納言がほんとに自分がそう思った事を書いたとて何程の事があろう、人が何と言おうと少しもこわい事はない、と信じたからこそ書けたのです。ほんとに色々の罪を得るのが昔の人らしく恐しかったならば、書きかけても止してしまったでしょう。こういう所にも見つけられる自分を信ずる事の出来た清少納言の自信は、たしかにうぬぼれとは違います。ましてほんとうの自信のない人には人を信用する事も出来ませぬ。

その斉信が根も葉もない人の噂さで清少納言がにわかにきらいになった、しかし彼女はその自信ゆえに、又斉信をも信ずる事が出来たのであります。それであせりもせず、「きらいならきらいでよろし、もしほんとに永久に嫌うのなら私もそんな人に好かれては貰いたくない」と言った様な、およそ八方美人になりたいのとは正反対な態度で押し切っています。それが斉信の心をほぐし、一歩ゆずって何とかひと言言ってみたい気持にさせました。

そこで白楽天の詩をもち出すのですが、此処にみえる機智のひらめきについてとやかく言うのは言う方が野暮です。それから、――それからそれへと、玉の台とか、則光にどんなにめでたい役についたのか云々と、次々に口をついて出るしゃれや何かも、どんなに面白いか言わなくても解る事です。只この他を圧倒する有様は、「殆ど禅家の鋭い機鋒に似てゐる」と、私が子供の時から持っている唯一の枕草子註釈の著者、金子元臣先生は仰しゃいます。ほんとにこれを読む時一休和尚を髣髴とさせるものがあります。清少納言を禅に結びつける趣味は私にしても皆無ではありますが、しかしこの気合はまったくソレと同じ物であると信じてうたがいません。禅宗が日本において発達したのも、もとはと言えば日本人にその素質があったからです。そのかたはしが、こう云う所に見つけられるのは、ちょっと「心ときめくもの」であります。

「蘭省の花の時錦帳の下、末はいかにいかに」と居催促でせめたてられるその瞬間。清少納言の姿には正に、間髪を容れず、の感があります。たとえ取るにも足らぬ社交界のはかない夢の一瞬であるとは云え、清少納言が全身を或る一点に集中しているのが見えます。何とも云えずキュッとひきしまった気持のよいひと時です。

　私の知らない禅の世界では、本来空とか、父母未生以前の誰やらとか、一切有為とか、むずかしい事を聞いたり言ったりしているらしいですが、「道《い》へ道《い》へ」とせかせられる所、何ともこの場面と切り離せないので私は困ります。そうする趣味は皆無と断っている舌のかわかぬ中にもはやこんな現象があらわれて、私をひっぱり廻しますので。

——

私「ねえ清少納言さん。其処から私の居る所へ降りていらっしゃいよ。其処に居ては、チイチイパッパで私には何の話もわからない」

清少「そんな事言ってもあなたが押しあげたんじゃありませんか。勝手に。こんな見た事もない国へ。何だかいとすさまじげだわ。きたない坊主が沢山居て」

　そうです、清少納言よ。私はその世界があなたに見せたかったのです。あんな綺麗な所ばかりに居させずに。丁度あなたがその目で見ない為に書けなかった山や川や滝やが見せたかったのと同じように。

　いつか前に、私は自分でも意識せずにふと言ってしまった言葉、清少納言が少し早く生れすぎたと云う、その小さな種を私はこんなみじめな恰好で、こんなに下手に拾おうとしています。一面識もない清少納言を、同じく私からは遠い遠い果てにある禅なんかと結びつけたりして。

　しかし本来むずかしい物は又近くにも見つかるのがおさだまりの世の中です。で、とも角も清少納言には一度私の傍に降りて来て貰う事として、次に彼女が紹介してくれました人は、則光その人でありました。

　橘則光は清少納言と夫婦だった事があります。けれどおよそ斉信などとは正反対の人で到底清少納言の趣味を満足させるわけにはいかない男でありました。歌など少しも解しない素樸そのものの則光は、しかしある点で清少納言と共通なものを持っています。権門にへつらわない人であった事は枕草子におけるばかりでなく色々な例があります。それは皆則光の真情より発したもので、教養の点ではるかに劣っていたにも拘らず、清少納言とは同じ程度に「情ある人」でありました。かわいそうに清少納言にはずい分馬鹿にされたりやっつけられたりしますが、それでも尚清少納言がにやにや笑いつつも「せうと」の名を恥しいとも思わず天下に通用させていたのは、確かに則光のまごころだけは馬鹿にするどころか大いに満足を感じていたものとみえます。まして「よろづの事よりも情あるこそ」と言った彼女にとっては、時々ありがたき男とまで思ったに違いありません。もっとも終にはからかってからかってからかいぬいたあげく、どこかに消えてしまう男でもあるのですが、それも又おかしであったのかも知れません。

　人にあなづらるゝもの　家の北おもて。あまり心よきと人に知られたる人。年老いたるおきな。又あは／＼しき女。ついぢのくづれ。

あまりのお人好しは人にあなどられる、と言う清少納言は、これを書きながら、きっと則光や、それから同じ様な真情の持主でありながら田舎者の大進生昌のたぐいを、はっきり心に浮べていたに相違ありません。このあなずらるる物は又ほんとに哀れをさえ催します。前にあげた「たとしへなきもの」の中の、烏が夜さわいで木から落っこちてねぼけた声で鳴く様子なども、かわいい様なかわいそうな様な所があります。

その烏は、清少納言にひどく滑稽に見えた事が、ある意味で彼女を満足させたのでもあり、その一事ゆえにきらいな烏さえ愛したのですが、これをそのまま人間の上に置いたのが、すなわち則光生昌となるのです。ですから清少納言にとっては彼等をからかう事によって得る自己の優越感に満足を感ずるよりも、むしろからかわれる場合の彼等の方を愛したのであります。

と云う事は、前にこの例をひいて私は、昼の烏の狡猾さに比べて、夜の烏のうってかわったかわいらしさは、そっくりそのまま清少納言にあてはまる、と言った覚えがありますが、清少納言は自らの内にあるこの愛すべき性格を彼等の上に鏡にうつすが如く見て、いつくしみかつ、おかしとしたのであります。

又あなずらるるもののかわいらしさ、そのかわいらしさのもたらすあわれも、同じく清少納言の物であります。斉信。それから後でどうしてもひと言いいたくなる人である行成。こういう立派でお利巧で、まさしく人にあなずらるる事など思いもよらない殿方に可愛いがられ、大いに持てはやされた清少納言と云う人は、大そう幸福に見えますけれども、果して心から底からもてたのでありましょうか。私にはどうもそうは思いきれません。

清少納言はその頃時めく中宮様の一のお気に入りであった、それ故に人は彼女にとりいって何かと自分の出世の為に利用した、そんな事も想像出来ます。けれ共それは外から来る物で、清少納言の内からかもされるのではありません。私は清少納言の周囲にある物が知りたいのではないんです。

人にあなずらるるもの、の中に清少納言はあわあわしき女、というのをいれました。紫式部的の女に、ともすれば御自身そう云われるかも知れない事を充分承知の上で。けれ共清少納言はそんな事はこわくはありません、もっと自信があったのですから。その上にも、あなずらるるもの、の悲哀と云うものも感じていた筈です。もし感じていなかったならば決して書く程興味をおぼえた筈もなく、したがって枕草子も存在しなかったでありましょう。

それやこれやと照しあわせる時、確かに紫式部的の眼には、清少納言のする事なす事あわあわしくみえたに違いないと思います。この草のいおりにしろ、貴婦人《レイディ》たるものはこんなにトントン事を運んで、片ぱしからきめつけてはならない筈です。まして事実書いた源氏物語を書いた事さえ恥しくて一という字も書けない顔をした紫式部と、人に褒められて大喜びをしたり、何かと出しゃばって見せびらかしたくなる清少納言。この二人のコンビは、コリャ又何度考えても面白く、何もこの二人の上に限る必要はなく、一般的にみても、私にとってはかぎりなく「をかし」と言うより他ありません。「又か、」と思われても仕方がない程。「又か」と言われても止せないほどに。さてその出しゃばりではしゃぎ屋の清少納言は、彼女特有の名文で「五月の御さうじのほど」(八十六段)に全身をあらわして私達を喜ばせます。ただ大そう長いのでかいつまんで書きますが、ぜひ美しい原文がある事をお忘れなく。

その頃の御婦人は皆時鳥狂で、五月雨のつれづれなるままに、降りみ降らずみの中をドライヴとしゃれます。四人ばかり、多分気のあった同志でしょうが、ひとつ車で出てゆくと先ず馬場のあたりで大勢人がよってさわいでいます。弓を射ているのです。ぜひ見て行け、とすすめますが、六位などの軽輩がうろうろしているのをみると、断然ハイハットして行きすぎてしまいます。行く道々は賀茂の祭の事など思い出て、中々おかし、です。

　行きついた処には明順の家があります。それも見たいと思って車をよせました。田園趣味の田舎家でゲテ物めいた面白さがあります。それだけに家の様もはかなげで、はし近の感がしますが、それも又おかし、で、うるさい程時鳥が鳴くのを聞いては、中宮様にお聞かせする事が出来ないのがくやしくてたまりません。（清少納言はいつも自分の面白いと思った事を人に聞かせたくなる、時には無理強いしても押しつけたいのです。）

　田舎にしてはわりにさっぱりした若い女達。きっと健康美そのものに新鮮なのでしょうが、そういう人達に稲をひかせたり歌うたわせたり、あんまり面白いので時鳥の歌なんかそっちのけで遊んでしまいます。美しいお膳で物など出して色々とりもちますがそんな物には見向きもしないので、明順は、「どうもいやはや、田舎びたものばかりで。こういう所に来る人はわるくすると、もっと出せ出せと仰しゃるのですが、こんな事では貴女らしくもない」と暗に催促する様な事を言い、「これは特に私のつんだ蕨です」（どうだか）など自慢します。「だって身分のわるい女官みたいな真似するのいや」とちょっとすねますと、「じゃお膳から下して召しやがれ。はいぶしばかりしている御連中ですからね」と言い乍ら、大さわぎして御接待している中に、「それ雨だ」というので、あわてて車に乗り、「さあこの歌はここでよんじまいましょうよ」と云えば、「ナアニ道々で結構ですよ」など言いながら、卯の花の咲き乱れたのを一杯車にさしこんだが、それはそれはとても見事で、まるで卯の花がさねをかけた様に見えた。供の者達も興がのって、ここにもあすこにもと屋根の上までつきさして笑いころげている。かえる道々「誰かに逢いそうなものを」と思うのに、逢う者はきたならしい坊主だったり、つまらなくてお話しにもならない人達ばかりなのでうんざりした。

　御所近くさしかかったので、それにしても誰にも逢わないなんて法はない。せめてこの卯の花車の有様だけでも見せびらかさなくちゃつまらない、と思って、一条殿のあたりに止めて、「侍従さんいらっしゃって。時鳥の声を聞いて今帰るとこですよ」と言わせた。

「今行きます、貴女。今まいります」と言って、供待ちのあたりで大いそぎで指貫の紐をむすぶのもそこそこに、「ちょっと待って、ちょっと待って」と追いかけて来るが、のほほんと待っているのも能がないからひたばしりに走らせて土御門へ着いた時、侍従は帯の紐も馳りながらに結び、お供の人達もとる物もとりあえずはだしでついて来てとうとう追いつかれてしまった。

　まず大笑い、「とても正気の人が乗ってるとは思えない。降りてごらん」などお笑いになるし、お供の者もげらげら笑ってみている。「歌はどうした。まずそれから聞こう」と仰しゃるが、「どうしてどうして。先ず中宮様に御報告しなければ」と何とかごまかしている中にも雨はどしゃ降りになって来た。侍従は、「ああ何故この御門には屋根がないんだろう。今ばかりはそれがにくらしい」と恨んで、「どうしてこのまま家へ帰れよう。人目も構わず追いかけて走ったものをのめのめ帰るなんていやなこった」

と仰しゃるから、「それではまず内へ」と言うが烏帽子はなし、取りに行くとか行かないとか言っている中にも雨は構わず本降りになったので、笠もない男共は車をしゃにむに中へ引入れた。仕方なしに侍従がつまらなそうにふり返りふり返り、今度はゆっくりと卯の花をもてあそびながら帰ってゆく、その後姿が面白い。

　さて中宮様の御前では、残っていた人達が羨しがったりねたんだりして色々聞きたがるのに、これこれしかじかと只今の話をして又々笑う。中宮様は「さあ歌はどこです」と御聞き遊ばすが、こうこういうわけで、と申上げると、「何と云う残念な事ぞ。皆が聞きたがるのに、それでは済むまい。ここで今すぐよみなさい。何てたよりない人だろう」と仰せられるので、仕方がないので皆と角の方で頭をつき合わせてゴチョゴチョ相談などし、一向らちがあかない所へすかさず侍従より先程の卯の花を、卯の花の薄様の紙につけたしゃれた文が来た。

　やれ硯だ、それ紙だ、あなた書け、いいえあなたこそ、とゆずり合っている中に雷など鳴り出してさわぎになったので、御返事の事はそっちのけになって了う。一緒に行った人達も、清少納言に名ざしで来た歌の返事などする気は毛頭もなく、「もうもうドライヴに行った事など人に言うまい。もうすっかり熱がさめてしまった」とうんざりしている。中宮様がにくらしいと思召すのも当然な事ではある。

　二日程たって、一緒に行った宰相の君が思い出し笑いをしながら「あの明順の手ずからつんだと言った蕨のおかしさ」とひとり言の様に言うのを聞こし召して、「思いだす事もあろうに」とその意地のきたなさをお笑いになりつつ、そこらの紙に、

　　したわらびこそこひしかりけれ

とお書きになって、上の句をつけよと仰せになるのが大そう面白い。そこで

　　ほとゝぎすたづねてきゝし声よりも

と書いて奉ったが、「何といういい気なものであろう。あきれたものだ」と仰しゃるのも恥しく、（うそばっかり）

「この歌なんてもの、ちっともよむ気がいたしませんのに、何かのついでに『よめ』と仰せになると、とても御奉公がつとまらないと思う程いやでいやでたまりません。只うやむやに春に冬の歌を、秋に春の歌を、梅の季節に菊の事なんどよむ事はございますけど。少しは人よりましに、たまにはさすがは元輔の子と思われるこそかいもありましょうに。何てこともなく我こそは、としゃしゃり出て出来もしない歌をよむのは、親の名にもそむきますゆえ」とムキになって弁解すると、中宮様はお笑いになって、「じゃ仕方がないから気のむいた様にするがよい。もう詠めなどとは決して言わないから」と仰しゃるので、すっかり安心してのびのびした。

　と云うわけで「もはや歌など考えてもみないでいいんだ」とすましていた頃、内大臣殿が特にお肝いりの庚申があった。歌の題が出て、女房達もすばらしく気取ってスマートな歌をよもうとする中に、清少納言ひとり、そこらをうろうろしてちっともよもうとしないので、内大臣は、「どうして早くよまないのか。他の時とはちがう、今宵はどうでもよまなくてはいけない」とお責めになるが、てんで相手にしないでいると、色々出来上った歌の評などお定めになる中に、中宮様から小さなノートをまわして下さったので見ると、

　　元輔がのちといはるゝ君しもやこよひの
　　歌にはづれてはをる

とあるのでたまらなく面白がった。あんまり笑うので、「何だ何だ」と内大臣がおききになる。

　　その人の後といはれぬ身なりせばこよひ
　　の歌はまづぞよまゝし

「こういう遠慮する事がございませんでし

たら、いくらでも此方から進んでよみましょうものを」と申しあげた。

　ちょうど枕草子が初めから終りまでそうである様に、ただもう何でもかでも面白可笑しくて仕様のない清少納言。およそ「ちょっとでもひまがある事」が何よりも苦痛らしく、それ故に枕草子も出来上ったのでしょうが、紫式部がひまを惜しんで書いたらしく見えるのとは大変な違いです。おそらくふつうの人にとっては、「やれやれ今日はゆっくり出来る」と足をのばせる事が清少納言にとっては淋しくて淋しくてやり切れません。そうかと云って淋しさと面と向ってそれを味わうなんて余裕はとてもありません、その淋しさをまぎらわす為に、いつも自ら買って出て、いつも卒先して新しいものめずらしいものを見つけようと、うの目、たかの目になります。羨しがる同輩を押しのけ、低い位の人達をハイハットするなど、傍目には意地悪にみえますけれど、それはひと度目ざした目的の為に、熱中のあまり無視するに他ならないのであります。反対に一度その目がつまらないささやかな物に向けられる時、それは同じ程重大な物になる事は先にものべました。

　突進した所にある目標、ここではじめは「時鳥」にあるのですが、それがあまりふんだんにありすぎる時、「をかし」を通りこして興味を失います。恰度、これは、前に言いました、清少納言が「自分にしじゅういい事を言うとわかり切っている人に褒められるよりも、そうでない人が蔭でよく言ってくれる事が二倍ほどもうれしく感じる」と白状したのと同じ意味です。ここで清少納言はもう時鳥には満足しなくなります。それはもう使い古した古いものなのです。そこで休止せずに、目は忽ちに見た事のない田舎の者や物に向けられ、今度はふだん馬鹿にしているそれらの物にたまらなく興味を覚えます。それもそろそろ卒業してしまうと目は卯の花に、それから帰り道に誰かにあわないかとうろうろ探しますが、会わない事が口惜しいながらも又ぞろおかしなのです。何故ならば、次には侍従殿がちゃんとひかえていて云々、であるからです。侍従殿は厳密に言えば、清少納言がちゃんとひかえさしておいた人であります。彼女は事実上いつもこの様に時を作り、事件を作り、必要な人や物を創造しているのですから、わざわざ仮想上の小説を書くまでもなく、彼女自身が居ながらにして「ものがたり」であるのです。そしてそれがかりにどんな些細な物であっても、清少納言自身が其処でおどっているのであって、つねに「傍から見る事」をなし得ませんでした。紫式部の様に、人を踊らせて自らあやつる事が出来なかったのです。清少納言の悲哀はそこにあると思います。草のいおりにしろ、卯の花の段にしろ、清少納言は自分で創造した人形を踊らせるつもりで、うっかり何時の間にか自分が人形になっているのでした。ふっと我に返った時、前にも増した淋しさを感じたであろうと、その清少納言の姿を想像する時、人知れず涙の流れる折もあります。そしてその涙をかくさんが為に清少納言はふたたび次の新しい物へ、まるで飢にかつえた人の様にとびついてゆく、それが枕草子であると思います。

　それ故に、清少納言がそれからそれへと目新しい物へうつってゆくのは、いかにも気まぐれの様に見えますが、決してそうではありません。彼女は何を見ようといつも一つの物しか見てはいなかったのです。

◆

　清少納言のまわりの人達の中ではどうしても行成をあげたくなります。どうしてだか彼女には、行成が一番気が合った友達の様な気がしますので。

ある日立部のもとで行成が長いこと誰かとおしゃべりをしているので、出て行って、「どなた」と聞いてみると、「弁の内侍さ」と答えた。

「どうしてそんな人と仲よくなさるんです。大弁がみえたら、あなたなんかそっちのけで、二人でどこかに行ってしまうでしょうよ」と云えば、「そうそう、それをさせまいと思って、今弁の内侍を誘惑しているんですよ」と言う。

行成は人に優れて立派で、とりたてて優美な所もなく、只有りのままであるだけと人は思っているが、只清少納言ばかりはひどく高くかって居る。「凡人ではありませぬ」と中宮様にも申上げるのを行成は知っていて、いつも「女はおのれを喜ぶ者のためにかほづくりす、士はおのれを知れる人の為に死ぬ」などと言って清少納言とひどく仲がいい。そういう行成は若い人達にはもてないで、「何だかいやらしいわね。ちっともお経よんだり、やさしい歌なども作らないで、なんて面白くない」人と一途にくんでいる。行成はそんな事には目もくれず、「女と云うものは、目がたてについていようと、眉が顔をおおっていようと、鼻が横についていたって構わない。只口元に愛敬があって下ぶくれで声のいい人ならばそれでいいのだ。とは言いながら、やっぱり顔があんまり変でも困る」などと、暗に清少納言の事をほのめかしてかまわず言って歩くので、ましてやせこけた愛敬のない人達は、行成を目の敵にして悪く言う。

行成は又中宮様に申しあぐる事がある時など、いつも清少納言をわずらわし、方々たずね歩いて里に下っている時など手紙ばかりでなく、わざわざ自らおとずれて「おそく参内する様なら、使をさしあげるなりして、私がこう申上げたと貴女からお伝えするように」と言う。清少納言は、自分がわざわざ行かなくても、「内に誰それが居ります」など言うが行成はちっとも相手にならない。（こういう事がどんなに清少納言にとって嬉しかったでしょう）

「『物事は一定しないで、あり合せの物で事を足らすのがよい』そうですが」と故事をほのめかして言うと、行成はすかさず「『わがもとの本性』で心が改まらないんだから仕方がない」と受けとめる。「改むるに憚な」い筈ですが、と又一矢をはなつと、行成はこれにむくいて、「仲よしと人にも噂されてるんですよ、貴女と私は。こんなに仲よくしているのだからせめて顔位みせたらどんなものだろうね」と茶化してしまう。で、又清少納言は、「『あんまり変でもお困りになる』そうですから、お見せしないのです」と言えば、「そうでしょうね。そんなら絶対に見せないでよろしい」と、それからと云うものは、たとえ顔を合せる機があっても、わざと目をふさいだりして、ほんとに見ようとしないので、ほんとに嘘はつかない方なのだナと感心していると、（どういたしまして。）三月末頃陽気が暖いので着るものもうすくして、式部のおもとと二人で廂の間にやすんでいた所へ、主上と中宮が突然おいでになったので、あわてふためいていると、それを御覧になってお笑いになる。唐衣を頭からかぶったり、夜着も何もうずたかくなっている中に、お出でになって、人の出入りを御覧になっていらっしゃる。そんな事とは知らないで、殿上人などが言葉をかけたり、ちょっと行きずりにからかって通るのを、二人には「だまっておいで」と仰しゃっておいてお笑いになる。そのめでたい御有様を何よりうれしく見奉って、お立ちになった後も二人で様々に語りあって、顔などもつくろわずにしゃべっていた。ところが少し簾のあいたすき間に、何だか黒ぽい影の様な物が見えていたが、蔵人の説孝がいるのだろう位に思って馬鹿にして、見向きもしないで駄べっている最中に、ふと誰かの笑顔がのぞいたのでそら説孝だ、とそちらを見たら、そうじゃあない。これは大変と笑いさわいで、几帳や何かの奥にかくれようとしたが、時既におそし、そのいたずら者は行成であった。顔は決して見せまいと思っていたのに口惜しくってたまらない。式部のおもとは後向きに座っていたからいい様なものの、清少納言の方は丸見えだったに違いない。

　行成は、「何ともあます所なくこまごまと見てしまったことよ」と言うので、「説孝とばっかり思って馬鹿にしていましたのに、どうして『見ない』と一旦仰しゃったものを、こうまで……」、ほんとにひどい方、と口惜しがると、「『女は寝起きの顔がいゝ』んだと聞いたのでね。ある女の所でスキ見をしてもっと見えるかも知れないと思ってやって来たんだが。まだ主上のおいでになる時からいたのにこの人は知らなかったんだね」といったわけで、それからは遠慮会釈もなく簾をかずいて局の中に入ってきたり平気でなさる様であった。（四十五段）

　行成と云う人が学才のあった立派な男であったことは他の書にも度々現われます。枕草子にはこの他にも、行成が美しく清らな真字書で清少納言に送り物をし、それをいたく喜ぶ事がみえていますが、そこでも彼は単刀直入でかざり気がなく、単なるしゃれとか、口とく答える応答とか、やさしい歌とかに浮き身をやつすそこらの殿方にまざって、きわだって清々しい感じをあたえる人であります。その感じは源氏物語に出てくる男達よりも、むしろ黒と白の女である、清少納言に似ていると言いたい位です。

　今、私は行成卿の字を机の前において、（悲しいかな写真版ですけど）そぞろにその人となりを思っています。有名な仮名書もほんとうに美しいのですが、又彼のきびきびとした楷書こそその人に似ているのではないかと、

倚松根摩腰千年之翠満手　折梅花挿頭二月之雪落衣

の書の中に彼を探しだそうとしています。みているうちに、ほんとに松の翠の様に、二月の雪の様に清らかな字、これを清少納言が好きだった白いみちのく紙に、墨の香も新しく書いたなら、見る人も書く人も、どんなに気持がよいだろうなどと、らちもない事をおもったりして喜んでいます。

　こんな字を書く行成にとっては、つつしみ深いと云う美名のもとに嘘八百のうす暗い生活をしていた宮廷の女房達の中に、ただ一人簾ごしにじゃなく、タイで話せる女として、清少納言が気に入ったのも無理はありません。お互いに頭がよくて才がある反面、人と異ったある一途さ故に何かと悪口を言われるこの二人の気が合うのはむしろ当然と言えます。その頃の理想であった光源氏タイプは、行成にとっては胸が悪くなる程にやけた男に見えたであろうとその対照が可笑しくさえ思われます。

　そしてことに清少納言に気に入ったのは、矢つぎ早な彼女の矢を、只うれしがったり褒めたりしないで、いつもじっくりと受けとめ、そして終いには茶化して了う様な皮肉な態度に、ふつうの優男にはない男らしさがあって、きっと満足を感じたと思います。蔭でほめられる事に胸をおどらせる彼女は又、行成の一種独特のほめ方が大いに気に入ったでもありましょう。

　清少納言の趣味は、紫式部のしっとりとした紫、和泉式部のこってりした紅、そうした物とは又違う、たとえば男にしたらこの行成の様な清々しさにありました。げに清少納言の名にそむかぬものであります。彼女は物見の車の牛をよく使う者が早くは

しらせたのや、しろく清げなみちのく紙や、川舟の下ってゆくのや、弁舌さわやかな陰陽師が賀茂河原で祓えをしたのや、すべてとどこおりなくするするとゆくものが、常の人より以上に気持よく感じる女でした。この人の書くものは、花でも雪でも、月でも露でも、朝でも夜でも、雨でもうららかな日でも、四季折々のことにつけても、すべて一貫した新鮮なものが感じられます。次の短い自然描写などにも、ほんとうに草の香がそのままうつっている様な、さわやかなすき通った美しさがあります。

　五月ばかり山里にありくいみじくをかし。沢水もげに只いと青く見えわたるに、うへはつれなく草生ひ茂りたるを、なが〳〵とたゝさまに行けば、下はえならざりける水の深うはあらねど、人の歩むにつけてとばしりあげたるいとをかし。左右にある垣の枝などのかゝりて車の屋形に入るを、急ぎてとらへて折らむと思ふにふとはづれて過ぎぬるも口惜し。蓬の車に押しひしがれたるが、輪のまひたちたるに近うかゝへたる香もいとをかし。

　澄んだ山里の空気、草の青、水の青、はねあがる水のしぶき、蓬の香。それから車の中にさし入った枝を急いでとろうとして、とり逃す、そう云う気持は今、そっくりそのまま私達が味わっているものです。古いが、その度に新しいこの感じ、これこそ清少納言のものであり、清少納言その人であります。

　ですからどんなに平安朝めいた事を言っても、それはつねに、湯上りのゆかたの藍の香りの様に新鮮なのです。たとえば、

　檳榔毛はのどやかにやりたる。いそぎたるはかろ〴〵しく見ゆ。あじろは走らせたる。云々、(二九段)

　という今はない牛車ではありますが、これだとてただ牛車が自動車、又は将来飛行機になるまでの事で、

　ロールスロイスはのどかにやりたる、いそぎたるはかろがろしく見ゆ。スポーツカーは走らせたる、人の門より渡りたるをふと見るほどもなくすぎて、ガソリンの臭いばかり残れるを誰ならむと思うこそおかしけれ。

　と言ってみれば何の事はない、今も昔もちっとも変りはないのです。そして枕草子は只はじめからしまいまで、こう自分の言葉に直して読んでしまっても、清少納言は草葉の蔭から、決しておこりやしないでしょう。その枕草子と云う名がどこから出て来たかには色々説がありますが、私にはそれを穿鑿するすべも必要もありません。いずれにせよ、鹿ツメらしくひらき直って書いたのでないかぎり、気楽に読んでかまわない本だと思います。それに難しい思想やら哲学とやらは清少納言には縁の遠いもので、言ってみれば彼女は趣味のいい女にすぎません。もっとうんと褒めてやれば、彼女は馬鹿でおしゃれな女です。そして枕草子の面白い所以は其処にあります。

　清少納言は特に感受性のするどい女として知られていますけれど。

　「にくきもの」は、せいている時に長尻の客が来て、それも大した人でなければ、「あとでネ」などと言って追いかえせるが、さすがに気がねしなくちゃならない人はやりきれない。硯に髪がすり入れられてしまったの。それから墨の中に石が入っていて、きしきしときしむのや。急病人がある時にお医者がいつも居る筈の所に見つからないで、方々たずねまわってやっとつれて来たと思うと、近頃病人が多いせいか、来るや

否やもうねむりそうな顔をしているのはにくらしい。何てこともない人が、物知り顔にしゃべりちらすのも。火鉢に手の甲を返して皺をのばしたりなんかしてあぶってる人。若々しい人がいつこんな事をするだろう。よぼよぼのいやらしい奴こそ、こう火桶の上に足をあげたり、しゃべりながらその足をこすったりするのだ。そういう手合は、人の所に来て座ろうとする所を、まず扇で塵をはらったり、中々落つかずに着物をまくり入れたり色んな行儀の悪い事をする。こういう事はつまらない人達だけがするのだと思っていたら、どうしてどうして、式部太夫駿河の前司などいう人達までするのにはあきれた。又酒を飲んでわめいたり、口をぬぐったり、髯を撫でて盃を人にやったりする有様は、ほとほとにくく見える。「もっと飲め」っていうつもりだろう、身ぶるいしたり、頭をふったり、口をひんまげたりして、まるで子供が百面相か何かの真似をしてる様にみえる。それはさて下賤の者ならばともかく、まことにいい身分の人がそうされたのにはうんざりしてしまう。人を羨しがり、ぐちをこぼし、人の悪口を言い、爪の垢ほどの噂話でも聞きたがり、教えてやらないと恨んだりそねんだり、又ちょっとばかし聞きかじった事を、前から全部知っていた事みたいに他の人に得意になってしゃべりちらかす、皆とてもとてもにくらしい。物をよく聞こうと耳をすますとたんに泣きだす子供。烏がぎゃあぎゃあ集ってさわぐの。忍び忍びに来る男を見つけて吠える犬なんて、いっそ殺しちまいたくなる。人に知られては困る所へそっとかくして寝かせておいた男がいびきをかきはじめたのやら。忍んでくる所とて、人には知らせじと手さぐりで出ようとする男の、烏帽子が何かにさわってゴソリと音を立てた時。簾なんかをもぐってさらさら音を立てるのもにくらしい。剛い簾でもそっと持上げて出入りさえすれば音を立てる事はないし、戸などでも手荒くあけるのもにくい。少うし持上げる様にしてあけさえすれば、音なんか立てる筈はないのに。下手にあけるから軽い唐紙などさえきしんだりごとごと言うのだ。ねむたくてねむたくてたまらないで横になった時、蚊がブンブンどこからかやって来て顔のまわりを飛び歩く。その羽風さえ、蚊相応にあるのがにくらしい。ぎしぎしきしむ車に乗ってあるく者、耳がわるいんじゃないかと思えばにくらしい。まして自分が乗っている時は、その車の持主さえにくらしくてたまらない。

さてこの中のどこがそんなに感受性が鋭いのでありましょう。特に私達が感じる物より以上の物を清少納言は見つけているでしょうか。私はそうは思いません。これ等の物共は皆私達が既に感じ、いつも感じ、又これからも感じる物であるのです。清少納言が新鮮であるのは、その感受性にあるのではなく、今、洋服を着ズボンをはいた私が、長椅子にねそべって枕草子を読んで、そのまんまで読みながら大笑いが出来る、その事にあります。

それは非常なつよみであります。それがどこから発しているかと云えば、馬鹿でおしゃれで見栄坊の清少納言が、「私は馬鹿でおしゃれで見栄坊です」とありのままにはっきり言ってしまうからです。この一途に正直なこと、これほど手におえないつよさはありません。そういう彼女は決して社交的ではあり得ません。紫式部の様な如才なさもお利巧さもありません。人の事など考えずに、彼女はいつも、「私はこう思う」んです。そのかわり好む所の物ははっきり知って迷いません。いつも黒か白か、イエスかノウか、であります。たとえ「人はいかに思ふらむ」などと書いても、何時でも「私はこう思う」と云う事がはっきり出ています。そして自分がこう思う事を心ゆくまで味わいつくし、さて又自分がこう思う事を人も又そう思う事に同じ喜びを感じます。だから人の上でも自分の事でも同じなのです、そのおかしと感ずる事においては。人事ばかりでなく、ひいては花も鳥も犬も蚤も、皆彼女自身と同じ重さを持っているのです。それ等のものはすべて「吹きがたり」であって、何も草のいおりとか香炉峰の雪のみが特に彼女自身の自慢話なのではありません。ここにおいて清少納言の強い自我はまったく花や草や虫や人の蔭に没してゆきます。いいえ、むしろその強い自我故に、そういう事がなされるのです。

枕草子のひきあいに出されるのは、徒然草であります。徒然草の中には、

いやしげなるもの、居たるあたりに調度の多き。硯に筆の多き。持仏堂に仏の多き…… 多くて見苦しからぬは、文庫の文、塵塚の塵。

などの様に枕草子バリの文もありますけれど、理智の人兼好はいつもじっくりと沈んで、自分の居場所をはっきりと心得ています。みずから丹念な観察者としての余裕たっぷりで、物をかみしめ、人の心理をとっくりと描写します。それにひきかえ清少納言は、火にも水にもまずとびこんでゆく、むしろ正反対の人であります。徒然草の笑いは、もっともっと曲折の多い悲しい笑いであって、枕草子の様に、長椅子に寝ころんで、そのまま楽しんじゃうタチのものではありません。枕草子の笑いにもつねに悲しい蔭のある事は言いましたが、それは清少納言自身の身の内から、知らず知らずに発散するもので、彼女の頭の中から前もって計画的にわり出された物ではないのです。

兼好が徒然草のはじめに、つれづれなるままにタワイもなく心にうつり行く事を書きつけるのは、「あやしうこそ物狂ほしけれ」と書いた一事をもってしても、彼がいかにしっかりと大地をふみつけて書いているかがわかります。まず自分の事をそう書いた如才なさ、その書きだしは段々に発展して矛盾な事だらけになってゆき、終に物ぐるおしいのは兼好じゃなくて、実はこの世の中の事なんだ、と読む人をして嘆息させる、その様な徒然草はきちんと机の前に座って読む本らしく、私には兼好と云う人は先生の様な、(ただし非常によく物のわかる)気がし、清少納言は気の合った友達みたよな気がしてなりません。

◆

清少納言に一番気に入ったらしく思われる行成から、私はまだ離れたくない気がします。行成は清少納言から好かれるあらゆる条件をそなえています。まずおしゃれで見栄坊な清少納言の気に入るだけの立派さを、見た所にも、それから才の上にも持っています。彼はその時代に四大納言ともてはやされた中の一人でありますし、そういう事は彼女を喜ばせるにあまりあります。それから清げな字。どうやら私が中々離れがたくなるのも、実はその字に原因するのではないかと、清少納言はそっちのけにして、又例の写真版につくづくとみとれています。私は字の事なんてまるで知りませんけれども、どことなくかおるにおいの様なものは感じられます。先程見ていた行成の漢字にも、――漢字と云えばその字のしめす如く、支那人の方がうわ手であるとも思い、又そうも言われていますけれども、行成のまな書には又別の美しさが感じられます。というのは、日本特有のあの絵の様に美しいかな書、それももとはと云えば漢字から出たものでしょうが、そのかな書の方から又逆にうまれ出たとも言いたくなるも

のが日本の漢字にはあります。そして行成というその人も、平安朝のやわらかいかな書からうまれ出た、「まな書の様な人」と想像されてしまうのです。そして枕草子もそういう風に行成を描きだしてみせます。おそらくしどけない狩衣姿よりも、衣冠束帯の黒一色が似あう人でもあったでしょう。清少納言ならずとも、いずれもいずれも華やかな平安朝の殿上人の中に、ちょっと異色のある行成を見出すことはうれしきものであります。

しかし当時一のインテリであった行成も、もし枕草子がなかったとしたら、その半分の価値もなく、そこらの平安朝なみの優男としか思えなかったでしょう。ひいては行成の字も只非常にうまい字としてのみ紙の上に残って、その字はかくも雄弁に私達に直接話しかける事はかたかったでありましょう。実にその字を生かして見せてくれる点で、行成は清少納言におう所が多いと思います。枕草子と行成の字は精好なひとつの織物に織りこまれて、いずれが経でいずれが緯と判別出来かねる程の関係にあり、それは行成と清少納言との事実上の関係よりもはるかにはるかにこまやかであります。

この男と女は夫婦或は恋人同志であったらしく書かれていますが、和泉式部などと違って清少納言はきわめてはにかみ屋で、そういう一身上の事件については決して心の内をみせません。行成と清少納言はもしかするとたんに友達にすぎなかったのかも知れません。簾をかずいて行成が清少納言の部屋に自由に出入りした、その事が草子に書かれているだけに、私は反って二人は只の友達にすぎなかった、又それがより以上に二人の友情を緊密にさせたのではなかったか、と思いたくなります。又この二人としてはありそうな事ではないか、とも。さんざ笑談を言いあったあげくのはてに、「そんな事おかしくって」と清少納言が言いそうな気がするのです。

ともあれ清少納言は行成ほどの人が人並以上の扱いをしてくれる事をはなはだ光栄に思っていたにちがいありません。正直にそういう態度をみせ、それが得意でうれしくてうれしくてたまらないのです。しかし一方行成にとっては、ほんのちょっと学があって、カンのいい為にそれを利用する事を心得ている女なんて、本気にとれる筈はありません。いわばひまな時のなぐさみ物にしているのです。なぐさみ物と言ってわるければ（通じなければ）、一個の美術品並のあつかいをしているのです。鑑賞家として、所有者として、自分の思い通りに、その度に行成の好むがままの顔をしてみせる。そして行成はいつも「あいつに今日はこんな事を言わせてみよう」と半ば計画的に、清少納言にうってつけの問を出し、正直な、（まるで美術品、たとえば一個の茶椀の様に正直な）それに対する答を得て満足すると云った様な所がみえます。斉信などはこれに比べるともっと人がよく、もっと単純で、気楽な人におもわれます。華やかさ美しさ優しさなどにおいてまさっていても、行成ほどのピンとした所もなく、人のわるい所もありません。行成のその人のわるい所が清少納言にとっては大いなる魅力であったと思います。ひと口に言えばその誰よりもおとなであるのです。この場合行成はいつも創造する人であって、清少納言はいつも創造される物にすぎません。ちなみに前にあげた問答以外の応対を書いてみます。

行成より白い色紙に包んで梅の花をそえた送り物が来た。絵かと思って開いてみると餅餤《へいたん》が二つ並べてある。立文に、

進上餅餤一包　依例進上如件

美麻那成行

少納言殿

と書いて奥に、

このをのこはみづから参らむとするを

昼はかたちわろしとて参らぬなり
と大そう美しくそえてある。云々
清少納言の返事はまっかな紙に、
みづからもてまうで来ぬしもべはいと
レイタンなりとなむ見ゆる
と書いて美しい紅梅につけて返した。云云

通り一辺のくだらない歌の応答をさけて、見事な真字書でわざと書いて、清少納言のおしゃれな心をつっつくと同時に、つまらない歌のかえしのかわりに、愉快な返事を貰う。これはもうあらかじめ行成には予想されているのです。

又そのほかにも左の様な文のやりとりもあります。

行成「後のあしたは残り多かる心ちなむする。夜をとほして昔物語も聞え明さむとせしを鶏の声に催されて」しかじかと。

清少「いと夜ぶかく侍りける鶏の声は孟嘗君のにや」

行成「『孟嘗君の鶏は函谷関を開きて三千の客わづかに去れり』とあれども、これは逢坂の関の事なり」

清少「夜をこめて鳥のそらねははかるとも世にあふ坂の関はゆるさじ」

行成「逢坂は人こえやすき関なれば鳥も鳴かねどあけて待つとか」

その後

行成「あなたの文は殿上人がみな見てしまったよ」

清少「それでほんとにあなたのお気持がわかりました。ほんとに好い事を人の言いつたえないのはつまらない事ですからね。反対に見苦しい事は、そこらに散らばって人の目にふれるのはいやな事ですから、私はあなたの御文は全部かくして、人になんぞ見せやしません。これでトントンてな事になりますわね」

行成「こうすっかり心得て言う貴女はやっぱり凡人じゃない。そこらの女のように、『人に文をみせるなんて、ほんとにいやな方』位恥しそうに言うかと思っていたのだが」

清少「どういたしまして。お礼が言いたい位ですのに」

行成「私の文をかくして下さったのも、またうれしい心づかいだった。人にみせびらかしたらどんなに辛いだろう。これからは今までより以上に信頼しますよ」云々。

その実清少納言は行成の文を中宮様に御披露したり、そこらにまき散して得意になっていたのですが、その事実をあのせまい世界の中で行成一人知らずにいた筈がありません。それを有難いのかたじけないのと言う行成こそタヌキです。清少納言の負けじ魂をたくみに刺戟して、ああ言わしこう言わす、行成はほんとにおたのしみと言いたくなります。傀儡となって自ら踊る清少納言はあわれとは言え、何事もおかしとする彼女自身相当にたのしんでいるのですから構わない様ですが、しかしほんとうのあわれとは、か様なものではないかと私には思われます。

その行成にむくいる唯一の手段は、ああ言えばこうと行成に口ごたえする事ではなくて、清少納言が枕草子を書かない事にあります。けれども蚤一匹抹殺する事をしなかった女はそんな意地悪ではなく、なおそれ以上に馬鹿でおしゃべりでした。そしてうかうかと書いちまったんです。清少納言はほんとに馬鹿でおしゃれで仕様のない女ですけれど、只その正直さ、かわいそうな程正直である事が私には何よりもうれしいものに見えるのです。

清少納言は嬌慢の典型的なものと云う事になっています。それについで思出されるのは、実方の歌を皆が褒めた時、行成はそっぽを向いて「実方の歌はたくみには違いないが人物が嬌慢だから駄目だ」とあっさり片づけてしまった。そこで実方はおこって殆んどつかみ合いの喧嘩となり無礼をはたらいたので、終に左遷されてしまった。

まともな行成にとっては、我こそはとおごり切っている者こそ顰蹙《ひんしゅく》にあたいするに違いなかったのですが、どうしてそれ程の人が嬌慢の権化みたいな清少納言を好きだったのでしょう。人間として心からうちこんで居たかどうかは疑問ですが、とに角気に入っていたのは間違いない事実です。成程実方の話と、清少納言と行成と相知る間には三四年の時日のへだたりがありますけれども、無論同時代と言ってよく、わずかその年月の間に、にわかに心境の変化をきたした筈もなく、それだけをもってしても清少納言が只の嬌慢な女ではなかった事がうかがわれます。又行成という人に私達はそれ程信をおいてもよいとみとめます。

清少納言はつねに、「すべて人には一に思はれずばさらに何にかせむ。唯いみじう憎まれあしうせられてあらむ。二三にては死ぬともあらじ。一にてをあらむ」と言って、大見得を切っていました。これこそ嬌慢といわれるにいい例であると思います。しかしこの言葉は私に色々の事をおもわせます。そしてほんとうのいい意味での贅沢なねがいであり、又ほんとうに日本人らしい凛然とした矜持の高さをしめす言葉であるとも思います。私個人としては枕草子の中で一番清少納言らしい、そして一番好きな言葉です。

たとえば、極く手近な例をとっても、西洋人が有りったけのたから物を部屋中に並べたがるにひきかえ、日本人はいつも床の間にはひとつの花、ひとつの掛物ですませます。すませるのじゃなくて、つきつめてゆくと物はいつもその一において極まってしまうのです。あの有名な利休の話。たしか秀吉が利休の自慢の朝顔の花をみたいからと言ってたずねた時、利休は庭中に咲乱れる朝顔の花を根こそぎとってしまい、只一輪、床の間に活けて見せたとか云う。——朝顔が全部死ぬ為に、こうしてひとつの朝顔は生きるのです。したがっておよそ何千何百かの朝顔もはじめてほんとうに生きる事が出来たと言えますが、こういう例は無数にあげられると思います。たとえば端正なお能の演技の完璧性においても、すべての物真似を捨ててただひとつの型をえらんだが為に出来上ったのであります。又兼好法師にしても、あれ程清少納言とまったく別の道を歩んだ人でさえ、この日本的のものは共通に持っています。ついでなので極くうわべだけの事ながら先に書きました、「いやしげなるもの、居たるあたりに調度の多き。硯に筆の多き。持仏堂に仏の多き」などいうのも、もとはと云えばそうした所から発生したものであります。即ち成金趣味をいやしげなるものと排斥する、それ故に私はこれを最も贅沢な趣味と言いたくなるのです。執着しないで惜しげもなく物を捨てる心、これが成長する時、宗教的には世捨人となって親もなく子もない自由な境地に遊ぶのですが、それ程でなくとも、芭蕉の様に、笠ひとつを友に旅の月を眺める為に旅立つ様になります。そうなればもう何もいらない程贅沢きわまりない生活というより他ありません。

「一にてをあらむ」と言いきった清少納言を、その言葉通りに無邪気に受取って、すぐ嬌慢とあっさり片づけてしまうのはあまりに可愛想でもあり、みっともない事です。何故ならこの言葉はほんとに彼女の心のさけびであるからです。道長とも親交のあった清少納言は必ず別に生きる道があったに違いないのに、そういういやしい事は惜しげもなく捨てて、最期まで中宮様の為に仕え、終にどこでどう終ったか解らない最期をとげました。だから嬌慢な人は、実方の様にわるい終り方をする、などと言わないで下さい。上東門院の方にへつらえば必ず二流三流どこへおちる、その立場と、自分が一ときめてお慕い申上げた中宮様を二三の人に見変えるというこのふたつの事は実に清少納言のすばらしい贅沢な趣味がゆるさなかったのです。佐渡に流された世阿弥も、旅で死んだ芭蕉も、秀吉におわれた利休も、みんな「一にてをあらむ」事をつらぬき通したからです。逆に紫式部が中庸をたっとんだのも、又どうして「一にてをあらむ」為でなかったと言えましょう。ただ表現の仕方がちがうばかりで、利巧な紫式部がじっくり石山寺かなんかで落ついて月を見乍ら考えたのに反して、清少納言はしゃにむに飛びこんで行っただけの事です。しかもその手段たるや非平安朝的であります。と言って語弊があるならば、歌でも物語でも日記でもない枕草子は、何よりも俳句的であります。もし清少納言がもっと後にうまれていたなら必ず俳句の道を選んだに違いないと、私はそれを読む度に思います。勿論俳句の持つ複雑さは枕草子にはないにしろ、そこにはやはりその芽ばえの様なものが感じられます。そういう私に俳句の素養のない事はとてもまだるっこしい感じがすると同時にいいかげんの事を書くかも知れない事をおそれます。ですから私は材料を出すだけで、お料理はよろしき様にお願いしておきます。お断りしておきたいのは特に清少納言がこう言ったからこうだ、と限定する意味ではなく、枕草子全体に流れているものの事でありますから、清少納言の筆の先にあるのじゃなくて、その体臭とも云うべき物と御承知下さい。

古今集の

散る花を何かうらみむ世の中にわが身もともにあらむものかは

この様な無常感は清少納言には薬にしたくもありません。説経師は顔よきがいいけれど、そんな事いうのは罪を得そうだなんどと茶化してしまう人は又、少し前の時代の代表的嬌慢な女としての小町の歌、

花の色はうつりにけりないたづらにわが身よにふるながめせしまに

この面倒くさい色気たっぷりな掛け詞式の文章は書きもしなければ、そうまわりくどく考える事もしませんでした。つまり其処に行くまでのひとすじ道のまわりの景色は丹念に見ても、決して横道に入ったり道草くったりはしません。その少しソフトフォーカスな事が歌においては余韻があっていいのでしょうが、清少納言はもっと焦点をピタリとあわせます。

二もとの梅に遅速を愛すかな
紅梅やうぐひすとまる第三枝
一輪を五つに分けて梅散りぬ
富士おろし十三州の柳かな
白梅や墨芳しき鴻臚館

これ等蕪村の句は皆清少納言が言いそうな事です。もし俳句という形を知っていたならば必ずこう云うつかまえ方をしたに違いありません。蕪村には梅の句によいのが多いそうですが、的皪《テキレキ》と咲く梅の花は、春霞にかすむ桜よりも、性に合っていたものとみえます。

清少納言が俳句的であるのは単に蕪村に似ているからと私が思うからばかりではありません。俳句の奥には非常に複雑な心理が働いているにもかかわらず、うわべはいかにも平々淡々としているのが特長です。

さまざまのこと思ひ出す桜かな

芭蕉

などを見ると、平明な文で卒直に思う事を書きつづった枕草子は、平安朝の美句をつらねた歌や物語よりも、はるかにこれに近いものであります。俳句を清少納言にあたえたなら彼女はすぐに飛びついた事だろうと何だか惜しい様な気がします。

　更に後の子規に至ってはますますその感を深くします。むずかしい顔をして何度も何度も句を直したらしい芭蕉はたしか一代の句作はやがて辞世であるとか云う意味の事をどこかで言ったようです。娑婆的で現実的な清少納言には到底そんな肩のはる事は出来ません。おかしと思うままに皆よみ捨てよみ捨てしたに違いありません。

　そういう芭蕉の辞世の句は人も知るとおり、

旅に病んで夢は枯野をかけめぐる

であります が、同じ俳句でも子規までくると辞世でもさりげなく、

をととひのへちまの水も取らざりき

であって、その現実的な事において、清少納言は又似ていると言いたくなります。芭蕉の夢は遠くさかのぼれば、源氏物語的の夢であります。この場合の芭蕉の夢はどんなにさびた洗いざらした夢であっても、昔から私達が言い古るしてきた「夢か現か」の、あの夢です。しかも芭蕉は最期まで意識明瞭であったと言うのにまだ夢を言います。子規の方は長い事病気で苦しみ、最期はねむったままで死んだというのに、その日叫んだ絶句は又ひどく何気ないこの句です。

　その夢ゆえに芭蕉の句にはおおどかな風雅がつねにつきまとって、それが一の人として押される所以でもありますが、一の古典としてみとめられる源氏物語も同じ円満なものを持っています。それにひきかえわが清少納言がピシリピシリとやっつけてゆく有様は私に又しても蕪村をおもい出させます。私達が次の句を読んで、我が意を得たりと会心の笑をもらす、その笑こそ同じく清少納言にあたえてもよい物と信じます。

あらむつかしの仮名づかひやな。字義に害あらずんばああままよ。

梅さきぬどれがむめやらうめぢややら

蕪村

◆

紫式部は行成の側に属します。すなわち式部は作者であって、理想を源氏物語に書きしるしました。主人公の光源氏は永久に死なない夢の人であります。「雲がくれ」の題のみであらゆる人の恋人である源氏の死を書かなかったのは、実に賢明でありました。女主人公は紫の上とされています。けれども蔭の人である薄雲の女院こそ、ほんとの主であると言いたくなります。が、更にさかのぼれば、その死においてはじまる源氏の母桐壺更衣に因を発しています。それ故紫の上は只それ等の人のおもかげをしょって立つ現実の人間であり、源氏自身の手によってこねあげられて出来上った人形であるからには、まだまだどこかに足りないと言った様な不満足な所があるのです。

　それと同じ不満足な点を清少納言も同じく持っています。行成において一個の美術の如き立場にあった清少納言は、又私達においても一個の茶碗であり、掛物であるのです。たとえば利休がひとつ茶碗を見いだす場合の如く。清少納言は色々の人に愛玩されましたけれども、なお最初の発見者と

して利休の立場にあった人は、中宮様であります。もし中宮様が「名物」というハンコを押してあの立場をあたえて下さらなかったら、清少納言はかくも雄弁ではあり得なかったでありましょう。

中宮様に対して清少納言は十二ひと重をかなぐり捨てて、赤裸々に自分というものを見せ、手ばなしで甘ったれます。おしゃれな清少納言はよく色々の着物を着てすまし返ってみせますが、中宮様にあっては、まったく赤ん坊になってしまいます。たとえば斉信に対する時など、ちょっとすましかえってみせる余裕があります。斉信が一時清少納言はいやな奴だから口をきかないなどと言った時も、彼女は「そんな人に友達になって貰わなくてもいい」などとちょっとポーズをつけてみせます。それが馬鹿にしてる男達にいたるとますますひどく、安心しておしゃれをしてみせるテな事になりますが、一目も二目もおく人の前に出ると、その薬が利かないので、最も生れたままの清少納言らしくなって甘ったれるのです。そして中宮様に対して一番そうなれたのです。

その中宮様とは、この様な方でした。中宮様の御乳母がきょう日向へくだるという日に、御餞別の中の扇の、片方は日が赤々とさしている絵、もう一方には京に雨が降っている絵が書いてあるのに、

あかねさす日にむかひても思ひいでよ
　都は晴れぬながめすらむと

とみずからお書きになるあわれ深き方でありました。この事を清少納言は「さる君をおき奉りて遠くこそえいくまじけれ」と嘆いています。その頃めのとが主をおいて行くという事はよほどの場合にかぎりますので、一書に、「道隆かくれ給ひ伊周公左遷などの頃心みじかき乳母にて見捨てまゐらするにや」とあるのも、又当然と思います。

又中宮様は美しく円満で寛大な方でありました。やんちゃな清少納言が敵方の道長と交際がある事など、朋輩は大さわぎをしても、決して気におとめになる様なケチな事はなさいません。それ程信じて下さる方が清少納言にとっては涙が出る程うれしく有がたく、一生を中宮様に捧げようと決心する反面、まるで犬のように、どんなに甘ったれてもいい唯一の「自分の持主」として安心しきっていました。道長との事などこそこそ蔭口きく人があるとプンプンふくれて、里へ帰ってお召があっても参内しなかったり、勝手なわがままをしました。そういう時にこの中宮様は、色々の清少納言の好きそうな物を賜わったり、ある時はくちなし色の山吹のひとひらを紙に包んで、「言はでおもふぞ」と仰せられたりします。その度に清少納言はコロリとまいってしまい、意地悪な朋輩も自分自身ももうどうなってもいい程の気になって、すべての物は消えさり、只一と思う中宮様のみが大写しとなって現われます。

中宮様はしかし其処で手をおゆるめになりません。清少納言が宮中へ戻って、てれくさいので小さくなっていると、「あそこに居るのは今まいりか」などと笑談を仰しゃって、口を開くきっかけをあたえて下さいます。この場合わるくすると清少納言は又すっかりすねてとんだ事にならんとも限らないのです。そこで正面からぶつかったのでは座が白けてしまうので、裏口へまわってそっと仰せになると云った様な、ほんとにこの中宮様ほど苦労の足りた、一点非のうちどころもない方はありません。

又或る時は、人々の多く居並ぶ前でそっと小さな紙片をおやりになり、何か御用かと思ってみれば「思ふべしやいなや。第一ならずばいかゞ」と書いてある。これは例の「一にてをあらむ」としじゅう口癖に言っている事を御存じの上での御たわぶれ言なのですが。そして清少納言は同じ枕草子中に、「面と向ってほめられるより蔭でほ

めて貰った方がうれしい」と云った意味の事も書いていますが、それも実は彼女のおしゃれな部分がそう言わせたので、ほんとのところ華やかな場所でフレェフレェと言われた方がうれしいにきまってる人なのです。相手が中宮様ともなれば尚更のこと、「后の位も何かはせむ」とばかり有頂天になったに違いありません。そこで相手がもしこんな素晴しい中宮様でなかったらもっと気のきいた事も言えた筈ですのに、あまりの嬉しさにすっかりてれて了って、小さな声で、「九品蓮台の中には下品といふとも」などとささやいて赤ん坊みたいに無力になっちまいます。

すると中宮様は、相手によって一におもわれようなどいうケチな考えは止したがいい。「第一の人に、又一に思はれむとこそ思はめ」と仰せられる、このトドメをさす様な御一言には、清少納言ならずとも、何ともこの私まで頭があがりません。かほどに人を使う道をよく御存じの中宮様は、道隆や道長などよりはるかにはるかに立派な政治家であります。枕草子のみ読めば清少納言一人が御ひいきの様にみえますが、これ程の方がそうかたよった事をなさる筈はありません。必ずこの中宮様につかえた人達は皆この暖い御恩寵をこうむって、つねに春の日の如くたのしかった事でありましょう。その優れたかたち、態度、教養、センスオヴヒューモア、暖い心より出たところの政治家的手腕、すべてすべて清少納言ならずとも「一の人」と言いたくなるのがこの中宮様であります。

中宮様は清少納言をお生かしになりました。枕草子は事実上みんな中宮様が書かせておしまいになったものです。清少納言が書いたのではないと言ってもいいほどに。そして中宮様と同時に清少納言もほろびました。枕草子が徹頭徹尾中宮定子の頌徳記であるのは当然であります。たとえ中宮様の事にふれなくとも、あてなるもの、心ゆくもの、美しきもの、心ときめくもの、めでたきもの、すべてすべて中宮様の物であります。物語を書かなかった清少納言は、はからずも枕草子のはじめから終まで、たった一人の完全な主人公をつくりあげ、その事のみを書いてしまったのです。清少納言の夢は中宮様です。そして紫式部が光源氏を殺さなかった様に、清少納言も又わが中宮様をいつまでも美しく生かせておいて見せてくれます。道隆の死後のおちぶれた御有様を枕草子はひと言も語りません。こう二人を仲直りさせてみると、私は又ふり出しへ戻りたくなりました。私の中宮様を見るために――

春は曙やう／＼しろくなりゆく山ぎは
すこしあかりて紫だちたる雲の

［おことわり］

本稿は白洲正子さんの没後に発見されたもので、執筆時期は処女作『お能』出版の二年後、昭和二十年（一九四五）かと思われます。白洲さんの同年五月二十六日の日記に「鶴川でも焼夷弾の被害あり。清少納言と今日も一日遊んだ」との記述があり、さらに「清少納言書きおへる」（六月二十六日）「『清少納言』書きなほす」（七月二十日）とあって、終戦直前には脱稿していたのかもしれません。未刊行資料のため『白洲正子全集』には収録されませんでしたので、本書に「附」のかたちで収録することにいたしました。

本稿は一部旧字、旧仮名遣いで書かれていますが、掲載にあたっては新字、新仮名遣いに改めました。また、枕草子からの引用に際し、本稿には底本が明記されておらず、現在一般に流布している刊本とは本文、段分けに少なからぬ異同がみられますが、筆者が本稿執筆中に座右に置いていたと思われる、金子元臣『枕草子評釈』（大正十年　明治書院）を底本としました。［編集部］

【ブック・デザイン】
大野リサ・川島弘世

◆

本書は「芸術新潮」1999年12月号特集「『白洲正子』全一冊」を再編集・増補して
「とんぼの本」シリーズ化したものの二冊目です。
増補したものの底本は以下の通りで、必要に応じ『白洲正子全集』(新潮社)を参考としました。

「川瀬敏郎　師・白洲正子に〝胸を借りる〟」「川瀬さんの花」:
「芸術新潮」1998年1月号大特集「川瀬敏郎　暮しの花をいけましょう」I章
「春夏秋冬　加藤静允」:『風姿抄』(世界文化社　1994)
「風の吹くままに　古澤万千子」「二代の縁　髙田倭男」:『遊鬼』(新潮社　1989)
「花をたてる――川瀬敏郎」「糸に学ぶ――田島隆夫」:『日本のたくみ』(新潮社　1981)
「遠い山」:『白洲正子を読む』(求龍堂　1996)
「武相荘の庭」(「ご夫妻が見守る武相荘」改題)「心をいやすツバキの花」:
「庭」145号(龍居庭園研究所企画編集、建築資料研究社発行　2002.5)
「柳さんご夫妻の花」:『独楽抄』(世界文化社　1998)

2〜3頁、112〜143頁の地は古澤万千子作の羽織《桜》の部分によります。

本書収録の写真で撮影者があきらかでなく、連絡のとれないものがありました。
御存知の方はお知らせ下さい。

とんぼの本

白洲正子《しらすまさこ》　美《び》の種《たね》まく人《ひと》

発行　2002年8月25日
9刷　2014年1月25日

著者　白洲正子《しらすまさこ》　川瀬敏郎《かわせとしろう》　ほか
発行者　佐藤隆信
発行所　株式会社新潮社
住所　〒162-8711　東京都新宿区矢来町71
電話　編集部　03-3266-5611
読者係　03-3266-5111
http://www.shinchosha.co.jp
印刷所　大日本印刷株式会社
製本所　加藤製本株式会社
カバー印刷所　錦明印刷株式会社

乱丁・落丁本は、ご面倒ですが小社読者係宛お送り下さい。
送料小社負担にてお取替えいたします。
価格はカバーに表示してあります。
ISBN978-4-10-602093-3　C0395